Virginie **Hilssone**

W0267439

Fais de l'hiver
TON DEUXIÈME ÉTÉ

DÉPLOIE TON POTENTIEL POUR MIEUX VIVRE LA SAISON FROIDE

jouvence
EDITIONS

Également aux Éditions Jouvence :

J'optimise mon cycle féminin, Judith Castro

Émotions et huiles essentielles, Solange Cousin

Mes 20 huiles essentielles indispensables, Dr Pascale Gélis Imbert

Grand Manuel pour fabriquer ses remèdes naturels, Christophe Bernard

Je pratique le yoga tout au long de l'année, Jacques Choque

Les Secrets de notre conscience, David Perroud et Helen Mc Geachy

Le 5e Accord toltèque,
Don Miguel Ruiz et Don José Ruiz, avec la collaboration de Janet Mills

Catalogue gratuit sur simple demande.

ÉDITIONS JOUVENCE
France : BP 90107 – 74161 Saint-Julien-en-Genevois Cedex
Suisse : Route de Florissant, 97 – 1206 Genève
Site Internet : www.editions-jouvence.com
E-mail : info@editions-jouvence.com

ISBN : 978-2-88953-412-8

Maquette de couverture : Charlotte Thomas
Illustration de couverture : Cevany
Maquette intérieure et composition : Virginie Cauchy
Illustrations intérieures : PCA-CMB - Le visage de Virginie dessiné : extrait de l'illustration de couverture de Cevany - Adobe Stock : p. 54 © Talli, p. 64 © Natalia Andreichenko, p. 87 © Idee

Sommaire

PARTIE 1
Comprendre avant d'agir
Mais pourquoi l'hiver est aussi difficile à vivre ?

PARTIE 2
On prépare le terrain
Préserver son énergie

PARTIE 3
On se met en action
Débloquer ses facultés mentales et physiques

Légende des encarts

Exercice

Le saviez-vous ?

Mon expérience

Introduction

Si tu n'aimes pas l'hiver, c'est parce que tu l'as décidé ainsi !

L'hiver est sans aucun doute la saison la plus difficile à vivre et à aimer. C'est vrai, comment apprécier ces quatre longs mois où tout vient à manquer : la lumière, la chaleur, les feuilles, les fleurs ?

On assiste impuissant à l'extinction d'une nature qui se protège du froid, du vent glacial, de la neige... Une météo souvent peu réjouissante qui nous laisse, bien souvent, joues et nez, mains et pieds gelés, qui nous impose d'enfiler trois couches de vêtements, nous soumet à une mobilité réduite et nous contraint à composer avec une multitude sources de stress. **Alors oui, comment adorer l'hiver ?**

Je faisais encore partie, il y a peu, de ces personnes qui angoissaient presque à l'idée de voir arriver le mois de décembre. L'hypersensibilité qui me caractérise se manifeste également quotidiennement au contact de la météo. Très sensible au bruit, je n'aimais en réalité que le silence qu'offrait cette période. Pour le reste, la saison des boules de neige était pour moi une véritable épreuve. La grisaille ambiante me fatiguait beaucoup, me déprimait bien souvent, et la grande frileuse que je suis supportait difficilement les périodes de grands froids. Chaque hiver : plaid, grosses chaussettes, paquets de mouchoirs et boîte à pharmacie devenaient mes meilleurs amis.

Je suis certes une passionnée de météo, mais surtout une grande météo-sensible. **La météo-sensibilité est tout simplement la capacité du corps humain à s'adapter aux variations météorologiques.** Nous sommes tous météo-sensibles : nous faisons tous partie intégrante de la nature, nous sommes soumis à la lumière naturelle et nous respirons 10 000 à 15 000 litres d'air par jour. Cet air peut être froid, chaud, humide, sec et ces paramètres auront un effet indéniable sur notre organisme. C'est comme si le corps humain se reprogrammait à chaque instant face à ces changements ! On estime néanmoins que 30 à 50 % des gens le sont à un degré supérieur, ce qui est donc mon cas, et peut-être le vôtre.

Or un beau matin, j'ai eu cette volonté soudaine de découvrir les joies de l'hiver, lassée de subir une saison qui revenait inévitablement chaque année : car, oui, vous avez aussi pu le constater, la nature gagnera toujours ! Mais alors comment ne plus laisser le temps m'affecter autant ? J'avais besoin de comprendre et de trouver des solutions.

J'ai alors mené mon enquête en rencontrant de nombreux spécialistes de la météorologie et de la santé : psychologues, médecins, naturopathes, nutritionnistes pour obtenir toutes les clés pour comprendre et « mieux vivre avec le temps ». C'est d'ailleurs le titre de mon premier livre *Mieux vivre avec le temps* (Éd. Flammarion) ; un livre qui consacre un chapitre à cette saison, où je décrypte l'influence de certains phénomènes météo hivernaux sur nous et relaie tout un tas de conseils de spécialistes de santé pour mieux vivre avec son environnement. Ces échanges avec ces professionnels m'ont beaucoup apporté et j'ai moi-même mis en application tous les conseils qu'ils m'avaient donnés. Oui, je suis convaincue que le mieux-être en hiver passe avant tout par une reprise en main de ce que nous sommes et nous voulons. J'en suis la preuve. J'ai eu comme un déclic : **je me suis rendu compte que si je n'aimais pas l'hiver, c'est tout simplement parce que je l'avais décidé ainsi. J'en étais la première responsable.**

Comme bon nombre d'entre nous, en entendant des phrases comme « reste au chaud, il fait froid dehors », « couvre-toi, tu vas être malade », j'ai été programmée depuis mon enfance à me méfier de cette saison, ne laissant aucune place à mes ressentis personnels.

Et puis naturellement, comme tout être humain, j'étais tournée exclusivement vers l'adversité, les difficultés et j'avais bien du mal à percevoir ce qu'il y avait d'intéressant à vivre cette saison. C'est cette dimension psychologique que je n'ai pas pu détailler dans mon premier livre (il fallait que je fasse des choix éditoriaux pour l'équilibre de l'ouvrage) et qui m'a terriblement frustrée. D'autant plus que j'aurais aimé vous raconter cette matinée de février qui a aussi été pour moi comme un second déclencheur : ce jour-là, je me suis retrouvée bloquée chez moi.

La neige tombée pendant la nuit (en plus grande quantité que prévue) avait recouvert les ruelles de ma résidence ; impossible de sortir ma voiture pour me rendre sur mon lieu de travail. Les transports en commun étaient à l'arrêt. Je n'avais pas d'autre choix que d'attendre patiemment que les déneigeuses se mettent en action. Je subissais complètement cette situation. Je me suis alors souvenue de cette psychologue qui m'avait expliqué que pour mieux aimer l'hiver, il fallait apprendre à redécouvrir cette saison, ne pas la fuir mais l'affronter. Je n'avais pas encore eu l'occasion de mettre en application ce conseil, c'était donc le bon moment. J'ai enfilé mes bottes et je suis partie me promener dans la forêt près de chez moi. J'ai découvert un magnifique paysage enneigé, bien plus lumineux que d'habitude malgré le ciel gris, très silencieux, des enfants qui s'amusaient à faire des bonshommes de neige…

Affronter le froid durant quelques heures m'avait comme revitalisée et la vue de cette nature recouverte de neige m'avait enchantée. Moi qui détestais les températures glaciales et la grisaille, j'avais passé un très bon moment. **J'avais eu le sentiment de passer une super journée avec une personne que j'avais mal jugée sans pour autant bien la connaître.** Je crois que l'on a tous ressenti cela au moins une fois. J'ai continué d'apprendre à accepter, à mieux me protéger, à changer mes habitudes, à renforcer mon mental… car un esprit positif et un cerveau agile permettent de vivre l'hiver autrement. Bref, j'ai adopté cet état d'esprit si bien exprimé par Albert Camus : ***« Au milieu de l'hiver, j'ai découvert en moi un invincible été. »*** Cette saison estivale est particulièrement appréciée parce que c'est le règne absolu du soleil, de la chaleur deux éléments que l'humain aime particulièrement. Il suffit de consulter les études parues chaque année, elles montrent que l'été est la saison préférée des Français par exemple. Celle publiée en septembre 2019[1] l'affirme : 43 % des Français aiment la saison chaude !

Doit-on pour autant dépendre totalement du soleil et de la chaleur pour se sentir bien ? Je ne pense pas. J'ai compris que **c'est bien à nous de garder le contrôle, de rayonner et d'illuminer chaque jour de notre vie**. Cette lumière doit venir sublimer ce que nous sommes déjà. Et pour cela, il faut développer notre capacité à voir au-delà de ce que nos sens perçoivent. Bien plus loin que les agressions du temps qui jouent sur nos humeurs et notre motivation. Les saisons changent, mais notre état d'esprit, lui, doit être le même en été, automne, printemps ou même hiver ! Il suffit de garder en tête que quelle que soit la saison, où que nous soyons et quelles que soient les circonstances, nous régnons sur notre existence, notre être, notre vie. Ni la météo, ni les saisons ne doivent altérer nos forces inébranlables : notre calme intérieur, notre bonne humeur, notre gratitude, notre motivation, nos ambitions Et bonne nouvelle : nous avons la capacité de changer notre façon d'agir mais aussi de penser et de nous éviter quatre mois de mauvaise humeur, de fatigue et de désagréments en développant notre force physique et mentale tout en nous protégeant efficacement et travaillant notre résistance.

Contrôler volontairement le fonctionnement de son corps est à la portée de tous, et il n'y a qu'un pas à franchir (et un entraînement à respecter) pour débloquer ces facultés extraordinaires.

Seulement 6 % des Français aiment cette saison, selon la même étude évoquée plus haut. Alors bien souvent, quand viennent les discussions sur la pluie et le beau temps et que j'ose dire que j'adore l'hiver, revient sans cesse cette question : « Mais comment tu fais ? » Je vais développer cette réponse dans les pages qui suivent. J'ai décidé de partager avec vous tous les secrets qui vont vous faire vivre l'hiver comme une période agréable. Oui, vous avez bien lu « agréable ». Ce récit est le fruit du résultat de mon enquête, de mon expérience personnelle et professionnelle. Vous allez ainsi découvrir que cette saison peut en fait devenir le support d'une exploration en profondeur d'une partie de vous-même dans toutes les dimensions qui vous habitent (physique, énergétique, psychique, spirituelle).

Elle a en réalité de nombreux bienfaits insoupçonnés et ce livre va vous aider à en tirer le meilleur profit aussi bien physiquement que psychologiquement. Le but est simple : faire de l'hiver votre deuxième été. Bien sûr, vous ne pourrez jamais vous balader en maillot de bain au mois de janvier (du moins en France), là n'est pas l'idée. Mais, à la fin de ce livre, j'espère que vous vous sentirez chaque hiver aussi bien dans votre tête et votre corps qu'en plein mois de juillet. Je vais vous donner les clés pour apprécier cette saison froide autant que vous appréciez celle de la chaleur, pour que vous ne la viviez plus comme une période de stress intense qui tend à vous affaiblir.

Alors préparez vos bottes, vos gros manteaux et surtout vos stylos : ce programme d'exercices va vous réconcilier avec l'hiver !

PARTIE 1 :

Comprendre avant d'agir

Mais pourquoi l'hiver est-il aussi difficile à vivre ?

Nous avons (presque) tous, le même mauvais jugement, a priori, celui de croire que l'hiver ne nous veut que du mal.

L'hiver, c'est une dose quotidienne de lumière réduite (et donc une immunité et un moral en baisse), des virus prêts à l'attaque, des températures souvent négatives, des chutes de neige qui peuvent contrarier les plans de nos journées, des plaques de verglas malveillantes autant d'éléments qui peuvent contribuer à nous insécuriser, nous stresser. D'ailleurs, peut-être associez-vous inconsciemment le froid et l'hiver à la mort. Raison pour laquelle, sans doute, vous restez enfermé en attendant que ça passe !

Savez-vous pourquoi nous réagissons de la sorte ? Comment notre corps gère vraiment ces éléments météorologiques ? N'ont-ils vraiment que des influences négatives ?

C'est à ces questions que la biométéorologie – la dernière-née des branches appliquées de la science météorologique qui analyse les effets de la météo sur notre santé, une discipline que j'étudie avec passion – essaye par des études scientifiques et des travaux statistiques de répondre et d'apprécier la réalité de certaines assertions. Il est évident que le temps a une influence sur nous tous, nous vivons dans un océan d'air, tout comme les petits poissons vivent dans un océan d'eau, et si celui-ci est chaud, froid, humide, pollué... le corps va réagir en actionnant des mécanismes pour se protéger. Face à l'intensité de ces paramètres, ces mécanismes nous prendront d'autant plus d'énergie, ce qui aura finalement un impact sur notre forme physique et mentale, sans compter que certains ont moins de facilité que d'autres à gérer ces effets du temps. Alors à nous de lui donner un petit coup de pouce pour que ces réactions soient les moins épuisantes possibles. **Nous n'avons pas le contrôle sur le temps qu'il fait, mais nous avons le pouvoir de choisir notre réaction.** Il suffit pour cela d'instaurer de nouvelles habitudes dans notre quotidien, d'adopter des bons gestes que ce soit dans notre manière de nous habiller, de manger, de bouger mais aussi de travailler notre résistance physique et mentale. Mais avant de réaliser les exercices et donc de se mettre à la pratique, un peu de théorie s'impose. Certes, quand nos mamans nous répétaient sans cesse qu'il fallait bien se couvrir avant de sortir, que l'hiver était difficile à vivre, il y avait un fond de vérité. Ce que l'on sait et répète moins en revanche, c'est que le froid de l'hiver (entre autres) peut avoir aussi de nombreux bienfaits…

LE SAVIEZ-VOUS ?

La biométéorologie, qu'est-ce que c'est ?

La biométéorologie est une science qui étudie les interactions entre les phénomènes atmosphériques et les êtres vivants. Une des toutes premières études date des années 1920, mais cette science a démontré toute son importance après la canicule de l'été 2003, période durant laquelle les très fortes chaleurs ont tué près de 15 000 personnes en France. C'est aussi une science qui a un très bel avenir : avec des prévisions météorologiques qui se montrent de plus en plus précises, elle sera à même de prévenir certaines maladies beaucoup plus facilement dans les années à venir.

01.
Les phénomènes météo de l'hiver

Avant de tourner la page, attrapez votre stylo et écrivez ici le phénomène météo que l'on retrouve l'hiver et qui, selon vous, est le plus difficile à vivre pour votre corps et votre esprit. Expliquez, toujours selon vous, pourquoi.

Froid, neige, brouillard, pluie, pollution...

....

....

....

....

....

....

....

....

....

....

....

....

....

....

....

Peut-être avez-vous trouvé l'une des bonnes réponses ? Selon le biométéorologue québécois Gilles Brien, avec qui j'ai eu le plaisir d'échanger, **le manque d'ensoleillement, le froid et l'humidité sont les trois phénomènes météo typiques de l'hiver qui engendrent le plus de stress** et qui agissent le plus sur notre forme et notre moral.

Le manque d'ensoleillement

Ce n'est plus un secret, en hiver, notre corps se retrouve bien moins exposé aux rayonnements lumineux ! Deux raisons à cela, l'une est astronomique, l'autre météorologique.

Le soleil est en effet plus bas dans le ciel à cette période de l'année, de ce fait, ses rayons sont plus horizontaux et, par conséquent, chauffent beaucoup moins. Et si le soleil est tantôt haut tantôt bas dans le ciel, c'est dû à l'inclinaison du globe terrestre, son axe nord-sud étant penché comme la célèbre tour de Pise. Ainsi, quand l'hémisphère nord est incliné du côté du soleil, c'est l'été dans l'hémisphère nord mais l'hiver dans l'hémisphère sud et inversement.

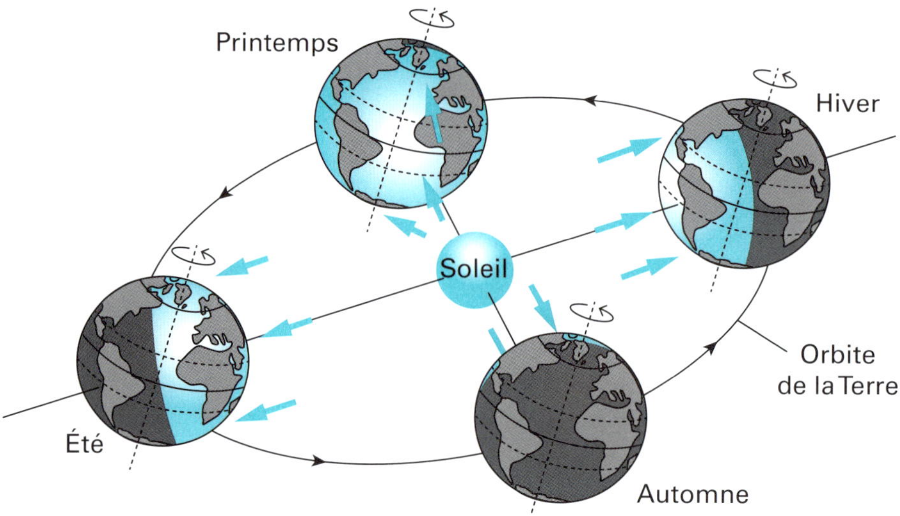

La différence de luminosité suivant les saisons est donc une conséquence directe de l'inclinaison de la Terre.

Comme vous allez le découvrir au fil de votre lecture, l'humidité est également plus présente en hiver. Or pour qu'elle puisse se dissiper, il faut une hausse de la température, permise par les rayons du soleil. Mais à la différence d'une journée de plein été, l'énergie solaire est moins intense en cette période de l'année. Ainsi, l'air ambiant et les couches les plus basses de notre atmosphère (celles proches du sol) ne sont pas assez réchauffés pour permettre une dissipation rapide de toute l'humidité présente (contrairement à l'été), qui va alors se matérialiser par une couche tenace de nuages bas et donc davantage de grisaille !

QUIZ MÉTÉO

Entre le 1er et le 5 janvier 2019, combien de minutes de soleil, la ville de Paris a-t-elle enregistrées ?

- 25 minutes
- 4 minutes
- 12 minutes

4 minutes.

C'est un record, le taux d'ensoleillement à cette période n'avait pas été aussi faible depuis 1990.

Le froid

En fait, il est faux de dire que c'est le soleil lui-même qui chauffe moins l'hiver que l'été, ou qu'il est moins puissant. C'est en réalité la Terre, à cause de sa position et de son inclinaison, qui n'en profite pas de la même façon tout au long de l'année. En hiver, les rayons du soleil étant plus obliques, ils chauffent une surface plus grande, et le thermomètre a bien du mal à monter. Ensuite, ce sont des phénomènes internes à notre planète comme les mouvements des masses d'air qui vont décider s'il faudra enfiler gros pulls et manteau ou non. Les réserves d'air froid au pôle Nord sont effectivement plus importantes en hiver et si le vent s'oriente brutalement au nord ou nord-est, un froid polaire ou sibérien viendra nous rendre visite. Un ciel bien dégagé pendant la nuit favorise aussi une baisse brutale des températures et des matinées bien fraîches. Si le vent vient de l'ouest et donc de l'océan, l'ambiance sera beaucoup plus douce.

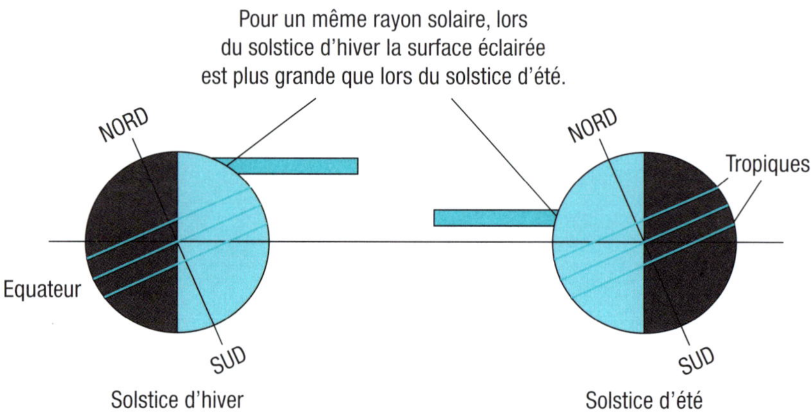

QUIZ MÉTÉO

Savez-vous quel est le record de froid en France ?

- - 36,7 °C
- - 10 °C
- - 21, 2 °C

Le record est - 36,7 °C en 1968 à Mouthe.
Il avait aussi fait - 13,9 °C à Paris dans le parc Montsouris, en janvier 1985.

L'humidité

Vous l'aurez compris, contrairement à l'été, les basses températures hivernales ne permettent pas de dissiper l'humidité ambiante. De plus, quand cet air chargé en humidité rencontre un point plus froid il va décharger une partie de son humidité sous forme d'eau et donc générer de la condensation. Voilà pourquoi votre logement peut être plus humide en hiver (si vous ne mettez pas le chauffage à fond) ou pourquoi également les brouillards sont très présents pendant cette saison.

02. Quelles influences ont-ils sur nous ?

Le corps cherche constamment à s'adapter à la météo. Ainsi, confronté au climat tempéré qui caractérise la France avec sa météo très variable, il a fort à faire ! Voilà également pourquoi nous parlons beaucoup plus de météo-sensibilité à nos latitudes qu'au niveau de l'équateur où le climat est beaucoup plus constant.

La mission de tous les instants de notre organisme : maintenir sa température à environ 37 °C. Pour cela, il va s'aider de ses thermorécepteurs, des terminaisons nerveuses libres situées sous la peau, proches de capillaires sanguins, sensibles au froid ou au chaud. Ce sont ces thermorécepteurs qui vont envoyer un message à l'hypothalamus. Cette petite région située au cœur du cerveau sert de pont entre le système nerveux autonome et le système endocrinien, et est ainsi impliquée dans la régulation de grandes fonctions comme la faim, la soif, le sommeil ou encore la température corporelle. Vous l'aurez compris, c'est en fait le thermostat de notre corps ! Ainsi, grâce à nos petits capteurs sous la peau et à notre hypothalamus, le cerveau va savoir s'il doit enclencher les mécanismes pour permettre de nous réchauffer ou nous refroidir. Mais ce n'est pas tout : lorsqu'il est confronté à certains phénomènes météo tels que le froid, le vent, la grisaille... notre corps va envoyer un message au fameux hypothalamus qui va réagir en libérant aussi des hormones qui auront une influence sur nos comportements, nos émotions

Voici d'ailleurs les différentes hormones sécrétées en fonction des phénomènes météo qui caractérisent notre hiver. Certaines nous font du bien, d'autres moins !

Lumière du soleil : **sérotonine** (hormone du bien-être, de la bonne humeur)
Obscurité : **mélatonine** (hormone du sommeil)
Froid : **endorphines** (hormones antidouleur et euphorisantes)
Vent : **adrénaline** (hormone du stress)

Voyons cela en détail...

Pourquoi l'hiver met-il autant notre corps à rude épreuve ?

Si l'on nous recommande depuis toujours de prendre nos repas à heure fixe et d'avoir un cycle de sommeil régulier, c'est parce que notre corps a besoin d'un rythme stable pour être en bonne santé. Alors, forcément, chaque changement de saison est une épreuve pour notre métabolisme : les journées s'allongent, raccourcissent, les températures varient, **le soleil se fait plus rare ou plus présent et toutes ces modifications déséquilibrent et affaiblissent progressivement l'organisme** le temps de quelques semaines, avant de retrouver un nouvel équilibre. Il est aujourd'hui reconnu que l'hiver est la saison la plus dure à vivre car nous devons nous adapter à des conditions plus difficiles. La baisse de luminosité est plus marquée et engendre une baisse d'énergie et de moral, **le corps est soumis à des changements de températures importants qui le stressent, le fatiguent** et affaiblissent son système immunitaire – mécanisme de défenses naturelles du corps contre les agents pathogènes. De plus, le froid est propice à la prolifération des virus et le confinement (qui crée une proximité) devient un facteur clé dans la propagation des maladies, phénomène accentué par le fait que l'on aère moins nos logements en hiver !

EN RÉSUMÉ

De nombreuses causes liées à l'hiver peuvent venir déséquilibrer notre système de défenses :

- **une mauvaise alimentation** (plus grasse, plus lourde) ;
- **un manque d'activité physique** or l'exercice physique augmente la circulation sanguine ;
- **un sommeil de mauvaise qualité** or le manque de sommeil diminue la résistance de l'organisme aux infections car nos cellules fabriquent moins d'anticorps ;
- **la météo** (froid, manque d'ensoleillement) nous stresse et affaiblit notre organisme et notre esprit...

Le manque d'ensoleillement

La lumière, denrée rare en hiver, est pourtant vitale. Nous sommes comme les belles plantes, nous en avons besoin pour vivre. La lumière du soleil stimule entre autres le système immunitaire, permet la synthèse de la vitamine D dont nous avons tant besoin et de la sérotonine, l'hormone de la bonne humeur.

Alors forcément, le manque de luminosité a un impact sur notre moral mais aussi sur notre vitalité.

Nous avons en effet tous en nous une petite horloge interne. Celle-ci est un ensemble de neurones niché au cœur du cerveau, dans l'hypothalamus comme nous l'avons vu, et impose à l'organisme, tel un chef d'orchestre, un cycle qui dure entre 23 h 30 et 24 h 30 selon les individus. Sans elle, nous vivrions tous en décalage et là, pas facile de s'organiser ! On pourrait la comparer à un ordinateur central qui enverrait des signaux aux zones de commande des diverses fonctions comme l'appétit, le sommeil, la température corporelle, le système hormonal, le métabolisme, etc.

Notre petite horloge est donc resynchronisée en permanence par des agents extérieurs. Le plus puissant d'entre eux est la lumière naturelle. Les études montrent que la température extérieure joue-rait aussi un rôle, mais son effet serait bien plus modeste. C'est donc l'exposition au soleil pendant la journée et l'obscurité pendant la nuit, captées par le nerf optique, qui permettent de synchroniser l'horloge biologique à la journée de 24 heures en alternant phases d'éveil et de sommeil. Mais vous l'aurez constaté, nous ne pouvons pas nous éveil-ler ou nous endormir en appuyant simplement sur un petit bouton : pour passer de l'état de veille à celui de sommeil, il faut du temps. Le temps d'éliminer les hormones énergétiques actives et de les rempla-cer par les hormones du sommeil.

Comment s'enclenche ce processus ? Lorsque nos yeux perçoivent une baisse de l'intensité lumineuse, l'horloge biologique arrête la sécrétion d'hormones actives. Vous comprenez donc mieux pourquoi vous vous sentez fatigué quelques heures après le coucher du soleil. Durant cette phase de transition, l'organisme commence à rempla-cer des hormones telles que la sérotonine par l'hormone nocturne, la mélatonine. Dans la nature, lorsque la nuit s'estompe pour faire place à l'aube, c'est l'inverse : l'horloge biologique arrête la sécrétion de mélatonine pour commencer celle de sérotonine, hormone de l'éveil, de la bonne humeur.

La lumière aide aussi notre organisme à vivre en adéquation avec les saisons. Ainsi, le passage à l'hiver perturbe notre rythme biologique puisque le niveau de luminosité, pendant cette saison, est bien inférieur au niveau nécessaire pour maintenir notre équilibre. Cela peut se traduire, chez certaines personnes, par un changement d'humeur et une grosse fatigue.

Les conséquences biologiques

Pourquoi le manque de lumière nous fatigue-t-il ?

Les dernières études des biométéorologues et chronobiologistes l'affirment : c'est le différentiel entre une journée lumineuse et une soirée sombre qui favorise un excellent sommeil. Malheureusement, l'intensité de la lumière passerait à environ 2 000 lux les jours d'automne et d'hiver au lieu de 100 000 lux les jours d'été ensoleillés. Cela perturbe donc notre horloge interne, le manque de lumière ayant un impact sur notre état de forme et la qualité de nos nuits.

De plus, le professeur Decker, de l'American Academy of Sleep Medecine, explique qu'en automne et en hiver, la lumière naturelle disparaît en fin d'après-midi, par conséquent, le processus « sommeil » débute plus tôt et nous plonge dans un état de somnolence plus tôt aussi. Par ailleurs, selon lui, une des raisons au fait que notre sommeil est troublé l'automne et l'hiver est que nous ne sommes pas suffisamment éveillés dans la journée faute d'une bonne luminosité qui devrait nous maintenir bien plus dynamiques. De plus, comme l'explique très bien aussi Gilles Brien, biométéorologue québécois :

> *Le manque de soleil et d'activité physique en hiver contribue pour sa part à dégrader le métabolisme et la vitalité en hiver.*

Enfin, autre explication : le manque d'ensoleillement peut conduire à une carence en vitamine D dont l'un des premiers symptômes est la fatigue.

Les conséquences psychologiques

La dépression saisonnière

Le docteur Norman E. Rosenthal, psychiatre et chercheur au National Institute of Mental Health, a été le premier à démontrer, en 1984, le lien entre lumière et dépression. C'est en constatant que l'exposition à la lumière artificielle à large spectre pouvait profiter aux personnes souffrant de symptômes dépressifs pendant la saison hivernale qu'il a pu rendre compte du rôle joué par la luminosité sur l'horloge biologique interne et l'humeur.

Pourquoi le manque de lumière nous démoralise-t-il ?

En hiver, quand nous partons travailler, il fait noir, et quand on revient... il fait à nouveau noir : une vraie épreuve pour notre organisme puisque, nous l'avons vu, le niveau de luminosité, pendant cette saison, est bien inférieur au niveau nécessaire pour maintenir notre équilibre biologique. Le manque d'exposition à la lumière induit, vous l'aurez compris, une réduction des niveaux de sérotonine dans le cerveau et donc une baisse de la bonne humeur. Et si pendant les 8 heures de jour qu'il reste, nous devons en plus subir un ciel gris et donc très peu lumineux, ou que notre bureau n'est pas suffisamment éclairé ni près d'une fenêtre, l'épreuve est d'autant plus difficile !

Des influences étonnantes !

On a meilleure mémoire par temps nuageux

Lors d'une étude [2] menée sur le terrain, des psychologues ont interrogé une centaine de clients sortant d'un supermarché et leur ont demandé de leur citer dix objets inhabituels qu'ils avaient précédemment placés dans leur panier. La conclusion fut sans appel : il semblerait que, par temps nuageux, les clients avaient bien plus de mémoire que lors d'une journée très ensoleillée. Ceux interrogés par temps nuageux se souvenaient de sept fois plus d'objets que ceux sondés les jours ensoleillés. Ils étaient beaucoup plus concentrés sur leurs achats ! Et comme le conseille aussi Gille Brien : *« Si vous voulez demander une augmentation à votre patron, attendez que le soleil brille. L'astre roi a une mauvaise influence sur nos capacités de concentration. »*

Le manque de soleil peut nous faire grossir

C'est bien connu en hiver, avec le froid, les couches de vêtements s'accumulent, et sans s'en rendre compte, les kilos en font de même sur nos hanches.

Rien de plus normal ! Nous abusons (bien souvent) des raclettes, nous sommes moins motivés pour aller faire du sport et nous restons au chaud, le plus souvent calés sur le canapé. Mais pour la première fois, une étude [3] a conclu que le manque de soleil pourrait aussi être responsable de notre prise de poids en hiver... Au cours de leurs recherches sur l'influence du soleil sur le corps humain, les scientifiques se sont rendu compte que la lumière bleue, émise par l'astre roi, faisait fondre les cellules graisseuses qui sont situées juste sous la peau. *« Si on rassemble toutes ces conclusions, le manque d'exposition au soleil que nous subissons en hiver pourrait être l'une des causes du stockage de graisse et contribuer à cette prise de poids que certains d'entre nous subissent durant cette saison »*, explique Peter E. Light, l'un des principaux auteurs de l'étude et professeur de pharmacologie. *« Nous ne savons pas encore quelle intensité de lumière et quelle durée d'exposition sont nécessaires pour que cela fonctionne »*, ajoute-t-il. Les chercheurs pensent que le déficit d'ensoleillement aurait une tendance à ralentir le métabolisme puisqu'il s'associe à un déficit en vitamine D. Pour autant, il ne faut en aucun cas s'exposer des heures au soleil pour perdre du poids.

Le froid

On a vu que l'humain est un homéotherme, son organisme se doit de conserver une température stable à 37 °C quels que soient les conditions météorologiques et le climat dans lequel il se trouve. **Nous avons donc dans notre corps une horloge interne mais aussi un petit thermomètre avec une précision redoutable !** Et il nous faut ainsi sans cesse équilibrer nos apports et nos pertes de chaleur. Un mécanisme qui n'est parfois pas de tout repos !

En cas de fortes chaleurs, les capteurs présents sous notre peau (principal site d'interaction de l'organisme avec son environnement) envoient un message à l'hypothalamus, le thermostat de notre corps. Celui-ci va alors se mettre à transpirer pour évacuer la chaleur, c'est un système de refroidissement interne très efficace.

Pour se réchauffer, le corps va augmenter le débit sanguin vers les organes et sacrifier nos extrémités comme les mains et les pieds. Autre réaction : les muscles se contractent (frissons) pour produire de la chaleur. On peut se mettre à claquer des dents car les muscles de la machoire vont à leurs tours se contracter pour produire de la chaleur. Le nez peut également se mettre à couler car l'air froid, en entrant dans la muqueuse – qui, elle, est plus chaude –, se condense et forme un liquide.

Mais cette capacité à lutter contre le froid dépend aussi de l'environnement dans lequel nous évoluons. Le corps ne mesure en effet pas des températures absolues, mais perçoit des variations de températures relatives : par exemple, prendre un bain dehors, dans une eau à 25 °C, entraîne une sensation de chaud l'hiver (température extérieure : 10 °C) et de froid l'été (température extérieure : 30 °C). L'humidité, le vent, l'altitude mais aussi vos ressources personnelles (état de santé, énergie disponible et condition physique) vont jouer un grand rôle.

LE SAVIEZ-VOUS ?

Les femmes sont plus sensibles au froid surtout au niveau des mains et des pieds. La cause est hormonale (la faute aux œstrogènes !), mais le fait est aussi que les hommes possèdent une masse musculaire plus importante qui leur permet de se réchauffer plus facilement. Le reste relève de la psychologie...

Les dangers du froid

* Risques pour le cœur

Pour se protéger du froid, le cœur accélère ses battements et consomme aussi plus d'oxygène. « *Le nombre d'accidents cardiovasculaires augmente donc en hiver et ces derniers sont responsables de la moitié environ de la surmortalité à cette saison* », explique Claire Mounier-Vehier, cardiologue et présidente de la Fédération française de cardiologie, sur son site Internet (www.fedecardio.org). Selon une étude publiée dans la revue scientifique British Medical Journal, le risque d'infarctus du myocarde augmente de 2 % chaque fois que la température baisse de 1 °C. En 2012, une équipe de chercheurs de Penn State a découvert que le corps d'un individu en bonne santé peut généralement s'y adapter et redistribuer le flux sanguin. Mais pour ceux qui ont une maladie cardiaque existante, l'approvisionnement en oxygène peut être gravement altéré et conduire à une crise cardiaque.

* Fatigue

Si l'on n'est pas bien couvert, on risque plusieurs désagréments dus au froid (engelures, agressions oculaires et respiratoires...) mais aussi et surtout, on est susceptible d'épuiser notre organisme qui sera confronté à un stress thermique. En effet, notre thermomètre interne, comme vu juste au-dessus, va travailler deux fois plus pour nous protéger, donc consommer beaucoup d'énergie et finir par nous fatiguer.

* Maux de tête

Avec le froid, les vaisseaux sanguins se contractent au niveau du cerveau et peuvent causer des maux de tête. On retrouve le même phénomène à l'approche d'un orage ou lors d'une exposition intense au soleil.

* Peau sèche

La peau est notre principale interface avec la nature, c'est elle (avec le nez) qui perçoit le plus les changements d'air. En ce sens, le médecin Bav Shergill, de l'Association britannique des dermatologues, signale qu'une météo froide et venteuse peut déshydrater la peau, qui devient sèche, gercée et sujette à la desquamation. *« La peau sèche est un problème fréquent, qui peut affecter n'importe qui pendant l'hiver. Mais les affections cutanées telles que l'eczéma et le psoriasis peuvent empirer durant les mois hivernaux, car les changements de température et l'air sec causent des poussées inflammatoires »*, ajoute-t-il. Comme on peut s'y attendre, les zones du corps le plus souvent exposées aux rigueurs hivernales sont plus vulnérables. Cela concerne le visage et les mains, ainsi que les lèvres, dont la peau est plus fine.

* Engelures

Ce sont des gelures superficielles de la peau, le plus souvent localisées aux extrémités les plus exposées. La peau se colore alors en blanc (ou jaune gris) et devient anormalement ferme, sans que la zone soit douloureuse. Il faut rapidement la traiter avant que cela ne dégénère en gelures graves.

* Hypothermie

L'hypothermie est définie comme la baisse anormale de la température centrale du corps, alors inférieure à 35 °C. Elle survient le plus souvent même si ce n'est pas la seule cause, suite à une exposition de l'organisme au froid de manière prolongée. En réponse à cette exposition, le corps va augmenter sa production de chaleur par l'intermédiaire des frissons et va privilégier l'apport de sang aux organes les plus importants. Dans ce cas, une prise en charge par les secours est nécessaire.

Pourquoi est-on plus malade en hiver ?

Le système immunitaire est moins résistant dû à la baisse de taux de vitamine D, une hormone retrouvée dans l'alimentation et synthétisée dans l'organisme humain sous l'action des rayonnements du soleil, mais aussi à cause du froid. Ce phénomène entraîne une diminution de l'apport sanguin aux extrémités afin de préserver la chaleur corporelle au niveau du cœur et de la tête. Cette réduction du flux sanguin signifie qu'il y a moins de globules blancs disponibles pour lutter contre la maladie. Les cellules se déplacent moins vite, ce qui ralentit les réactions immunitaires, laissant ainsi du temps aux virus pour s'installer. Alors si nous sommes plus « malades » en hiver, il nous faut le considérer comme une baisse de l'efficacité de ce « bouclier » immunitaire et plus globalement de notre capacité adaptative. Si les défenses sont plus faibles, des éléments tels que les virus et les bactéries peuvent passer à l'intérieur de l'organisme et amener à une réaction symptomatique du corps.

Étonnamment, c'est à ce moment de l'année que le corps fabrique le maximum de leucocytes, des cellules qui protègent contre les maladies.

Comme si le corps était programmé pour être malade précisément lors de cette saison.

* Les virus aiment le froid

Les virus voyagent dans un petit cocon : c'est une enveloppe protectrice qui s'épaissit au fur et à mesure que les températures refroidissent, comme pour mieux les protéger. En outre, la faible luminosité de l'hiver est un environnement qui leur convient bien : ils n'ont pas à subir les ultraviolets qui les fragilisent comme en été.

* Les virus passent plus facilement dans le corps

Le mucus du nez qui a pour fonction de réchauffer l'air froid inspiré est forcément plus sollicité en hiver. De ce fait, il tapisse moins bien les muqueuses les rendant ainsi perméables aux microbes.

* Facteurs comportementaux

Quand il fait froid, nous avons l'habitude de rester confinés dans des espaces dont l'air n'est pas aussi bien renouvelé qu'en extérieur. La transmission des virus et des bactéries est alors facilitée.

ALORS POURQUOI ENTEND-ON PARFOIS DIRE QUE LE FROID AUGMENTE L'IMMUNITÉ ?

C'est vrai, mais sur le long terme. C'est l'exposition au froid de manière répétée qui augmenterait le nombre de lymphocytes, cellules de l'immunité et qu'il serait possible d'entraîner son système immunitaire à considérer le froid comme « étant normal ».
« Il a été démontré qu'une exposition répétée au froid stimule nos défenses, améliore la qualité du sommeil et de l'humeur », confirme Christophe Hausswirth, chercheur à l'Institut national du sport, de l'expertise et de la performance (Insep).

* Le vent accentue la sensation de froid

Nos organismes à sang chaud réchauffent naturellement l'air qui se trouve directement au contact de leur peau. Lorsque le vent souffle, cette couche d'air plus chaude est alors chassée et notre peau se trouve directement exposée à la température de l'air ambiant. La sensation de froid se trouve accentuée. Plus le vent est important et les températures basses, plus la sensation de froid est importante. Cette dernière est calculée grâce à un indice utilisé en biométéorologie : le refroidissement éolien ou *windchill*.

Mais aussi des bienfaits parfois méconnus !

* Il nous rend de bonne humeur

Qui dit temps froid dit souvent ciel bleu et donc lumière. Bingo ! L'exposition à la lumière a un impact bien connu sur notre humeur : elle permet la sécrétion, entre autres, de sérotonine, un neurotransmetteur du système nerveux central qui joue un rôle essentiel.

* Il apaise le stress

Au contact du froid, le corps libère des endorphines qui ont la capacité de réduire le stress, et procurent un sentiment de bien-être. Ces endorphines soulagent également les douleurs musculaires et articulaires, raison pour laquelle nous mettons systématiquement une poche de glace sur nos hématomes. Encore faut-il que ce froid ne soit pas trop extrême (ou que nous soyons bien protégés), sinon c'est tout l'inverse qui se produit ! Le froid intense conduit à un stress thermique qui, lui, peut considérablement affaiblir notre organisme.

* Il apaise les douleurs

Les endorphines sont aussi connues pour être des hormones antidouleur. D'ailleurs le froid est recommandé par les médecins pour réduire les inflammations. De cette méthode ancestrale est née une science : la cryothérapie utilisée chez les sportifs de haut niveau mais également chez tous ceux qui peuvent en avoir besoin.

* Il nous permet de mieux dormir

Pendant notre phase de sommeil, la température de notre corps diminue légèrement et favorise une nuit réparatrice. Le froid hivernal est donc particulièrement propice à un sommeil sain puisqu'il abaisse les températures de nos chambres et favorise un endormissement dans de bonnes conditions. Il est d'ailleurs recommandé de dormir dans une chambre dans laquelle la température n'excède pas 19 °C.

* Il brûle des graisses

Le corps va dépenser des calories grâce à la thermogenèse, c'est-à-dire grâce au mécanisme qui permet de réguler sa température face au froid. Mais penser que l'hiver fait maigrir est erroné car le nombre de calories brûlées reste relativement faible et la thermogenèse aura un impact minimal sur la perte de poids. Pour perdre du poids, aucune recette miracle. Il est impératif de manger mieux et de bouger plus, grâce à la pratique d'une activité physique régulière.

Des influences parfois étonnantes !

* Le froid influence notre jugement

En 2014, une équipe de chercheurs allemands a mené une étude[4] étonnante sur l'influence que la température ambiante d'une pièce pouvait avoir sur la qualité de notre jugement concernant des criminels. Les participants ont été répartis dans des pièces dont la température était soit basse soit haute. On leur a présenté les portraits de plusieurs criminels sans leur préciser les motifs de leur condamnation. Résultat : les participants dans les chambres à basse température étaient plus susceptibles de leur attribuer des délits avec préméditation, et donc donnant lieu à des sanctions plus sévères. De même, les participants dans les salles à haute température les ont tous accusés de délits à caractère plus impulsifs. D'autres études sur le même objet de recherche ont aussi été effectuées par la suite et ont mené à la même conclusion : il semblerait que la température influence la qualité de nos jugements.

* Le froid nous rend moins agressif

Une étude publiée dans le magazine *Science* en septembre 2013 démontre que de fortes chaleurs l'été peuvent conduire à des comportements très agressifs. À l'inverse, l'analyse des données montre également que les fusillades à Chicago sont beaucoup moins fréquentes en hiver. Difficile d'en tirer des conclusions (il y a quand même des crimes en hiver dans cette ville américaine) mais il semblerait que le froid apaise un peu les esprits.

* Le froid nous rend moins dépensier

Des spécialistes du marketing[5] ont découvert que l'on aurait tendance à dépenser plus d'argent lorsque le soleil brille et qu'il fait chaud que lorsqu'il fait gris et froid dehors. Voilà donc pourquoi, bien souvent, dans les publicités, les produits sont représentés dans des décors lumineux et chaleureux. Leur étude conclut également que l'on est moins susceptible de faire des achats impulsifs en hiver, que l'on dépense moins et donc qu'on économise plus durant la saison froide.

* Le froid nous rend plus créatif

Une étude[6] menée en 2014 a révélé que, dans des conditions froides, les sujets étaient mieux à même de faire preuve de créativité en trouvant de nouveaux noms pour des pizzas par exemple ou en proposant des idées de cadeaux pour leurs proches que les sujets interrogés dans des conditions chaudes.

* Il rapproche les gens

Pour éviter le froid, la pluie glaciale... nous avons tendance à nous isoler, à rester au chaud à la maison. Résultat, on trouve paradoxalement davantage de temps pour prendre contact avec nos amis et notre famille. Selon cette étude très intéressante menée par Santi Phithakkitnukoon, chercheur de renom de l'université de Newcastle, on passerait ainsi plus de temps au téléphone avec nos proches quand le temps est mauvais.

* Il donne envie d'uriner

Lorsque vous avez froid, votre corps réduit la circulation sanguine vers les extrémités et la surface de la peau – un processus appelé vasoconstriction périphérique (périphérique = sur les bords, vaso = vaisseaux sanguins) –, concentrant ainsi un plus grand volume de sang dans les organes vitaux. Cela augmente la pression artérielle. La réponse du corps est d'essayer de réduire cette pression : ainsi les reins réduisent le volume de sang en circulation en évacuant l'eau vers la vessie, puis sous forme d'urine.

LE SAVIEZ-VOUS ?

Pourquoi la peau devient rouge ?

Vous avez le nez ou les joues rouges après avoir passé quelques instants dans le froid ? C'est parce qu'après avoir afflué vers les zones vitales pour les maintenir à 37 °C, le sang revient vers les extrémités, vous faisant rougir par la même occasion.

* Il nous rend plus généreux

Selon les statistiques de l'organisme France générosité, c'est en hiver que les Français sont les plus généreux : 40 % des dons ont lieu sur le dernier trimestre de l'année, dont la moitié sur le mois de décembre !

RELATIVISONS !

L'auteur Hubert Mansion nous livre son expérience de l'hiver au Québec dans son livre *Guide de survie des Européens à Montréal* (Ulysse, 2014). Cette saison, écrit-il, n'est pas seulement une source de petits tracas comme en Europe, mais une menace pleine de périls et de dangers. Voilà la raison pour laquelle 78 % des Canadiens détestent l'hiver ! La neige qui tombe en quantité chaque hiver est une vraie menace publique, le froid parfois extrême un tueur en série ! De quoi nous faire relativiser, n'est-ce pas ?

L'humidité

* Manque de concentration

Comme l'explique Gilles Brien, biométéorologue à Québec, *« il est prouvé que l'humidité accablante diminue le niveau de concentration et augmente la somnolence »*.

* Sensation de froid

Vous avez dû le remarquer, on a souvent froid en sortant de la piscine en plein été après la baignade, bien qu'il fasse 30 °C à l'extérieur. La raison est simple : le corps se refroidit plus vite quand on est mouillé car celui-ci transmet plus facilement sa chaleur à l'eau qu'à l'air ! Quand il fait froid, il faut donc éviter toutes les sources d'humidité. On cherchera à bien se protéger de la pluie, du brouillard (particules d'eau en suspension) et on évitera aussi de transpirer en adaptant ses vêtements à l'effort ! Il est par exemple déconseillé de porter des vêtements en coton sous son gros manteau sous peine de transpirer et d'accentuer la sensation de froid.

Comment le corps se refroidit-il ?

Les principales pertes de chaleur se font par l'intermédiaire de la peau d'où l'importance du type de vêtement porté.

Ces pertes de chaleur se font :

* **par radiation** (la peau cède de sa chaleur sous forme de rayonnement ; les vêtements noirs cèdent plus de chaleur par exemple) ;
* **par conduction** (la chaleur est transmise à l'objet avec lequel on est en contact comme une chaise en métal) ;
* **par convection** (l'air se réchauffe au contact de la peau s'élève puis est remplacé par de l'air froid) ;

* **par évaporation de l'eau** (quand l'air est sec la sueur s'évapore et la peau se refroidit).

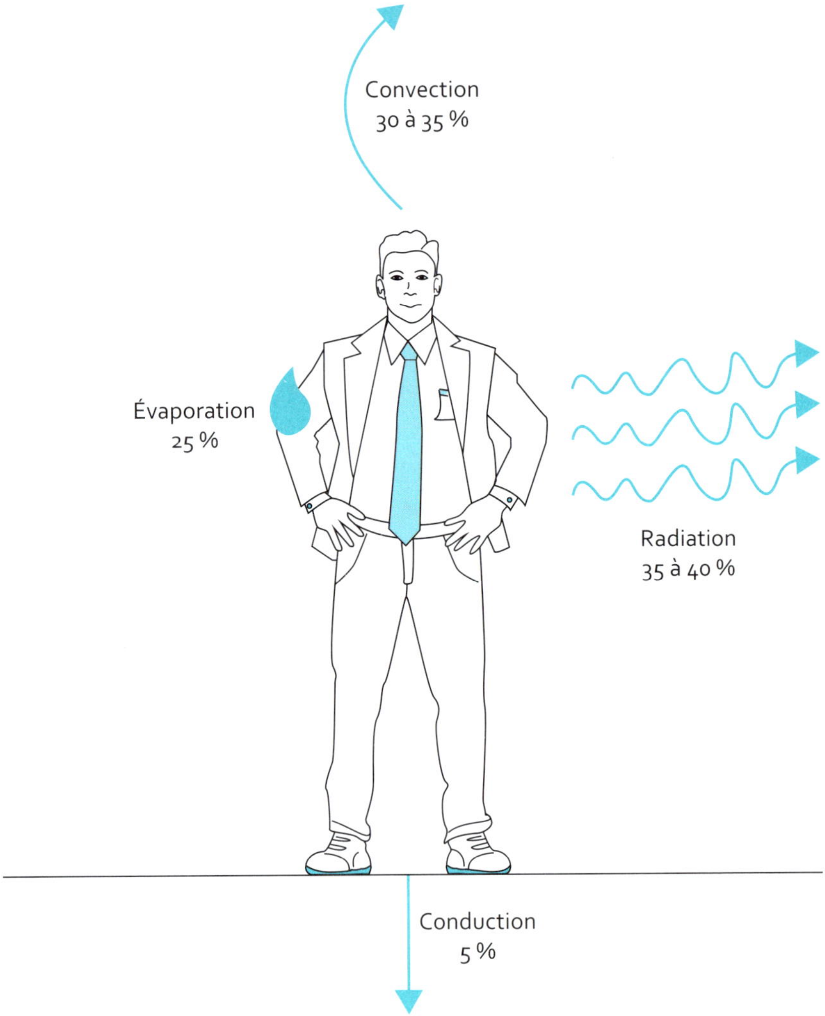

L'urbanisation et la mondialisation ont tout simplement inventé une seule et même saison que nous vivons tous sur le même rythme, de la même façon.

03. Ces mauvaises habitudes qui nous fragilisent

Pour combattre le froid, la grisaille… chacun y va de sa petite habitude. Sauf que certaines n'atteignent pas leur but, voire provoquent l'effet inverse et jouent sur notre vitalité à long terme. En voici quelques-unes.

Abuser du chauffage

Il n'y a rien de pire que les chocs thermiques (on allume le chauffage à fond chez soi et on sort brusquement dehors avec parfois des écarts de températures considérables) pour fragiliser le corps qui aura bien plus de mal à lutter contre les virus. Julien Couratin, médecin généraliste qui exerce près de Nantes, avec qui je me suis entretenue, m'a expliqué que ces fortes variations de températures sont très difficiles à supporter par l'organisme et ont tendance à entamer nos défenses immunitaires. *« Le corps est soumis à un mauvais stress lorsqu'il est obligé de passer d'un environnement chaud à un environnement plus froid et inversement »*, m'a-t-il confié. Sans oublier que nous créons un microclimat à même notre peau. Si l'on abuse du chauffage, notre corps s'habitue à la chaleur et aura bien plus de mal à lutter contre le froid (l'inverse est aussi valable). Voici donc pourquoi l'on conseille de régler la température des pièces de votre maison selon une certaine fourchette pour favoriser le confort thermique. N'oubliez pas, la qualité du « climat » intérieur est essentielle à notre bien-être et conditionne aussi et surtout notre capacité d'adaptation à l'extérieur !

MON EXPÉRIENCE

En tant que grande météo-sensible, j'étais il y a encore peu de temps très frileuse. J'avais la mauvaise manie de tourner à fond la molette de mon radiateur… et je tombais bien souvent malade. Puis, j'ai adopté un chien adorable, originaire de Sibérie et il se trouve que la petite boule de poils adore le froid et supporte mal la chaleur. Son lieu préféré : le balcon, même en plein hiver. Très capricieux, il aime aussi pouvoir rentrer à l'intérieur quand il le souhaite. Je me suis donc résignée à laisser la baie vitrée légèrement ouverte et à ajouter une couche de vêtement même à l'intérieur pour éviter de mourir de froid. Si, au début, je pestais beaucoup contre lui, aujourd'hui je l'en remercie… Tout simplement parce qu'en prenant cette habitude mon corps s'est habitué au froid, je frissonne beaucoup moins et je tombe aussi beaucoup moins malade. Merci Brooklyn (c'est son petit nom) !

Ne pas aérer notre intérieur

En hiver, on a la fâcheuse habitude de vouloir garder les fenêtres fermées pour préserver la chaleur. Mais il est en réalité conseillé de bien les ouvrir quelques minutes par jour, à la fois pour respirer un air plus sain et donc optimiser notre santé, mais également pour faire des économies d'énergie. L'idéal est d'ouvrir grand les fenêtres (après avoir coupé le chauffage) pendant 5 à 10 minutes par jour, le matin directement après votre réveil par exemple. L'air des pièces est ainsi intégralement renouvelé sans que les murs aient le temps de refroidir. L'air frais qui vient d'entrer sera rapidement réchauffé. Attention, certaines heures sont défavorables par rapport à la qualité de l'air, surtout en ville : l'hiver, évitez d'ouvrir vos fenêtres entre 14 heures et 18 heures. Aérez votre logement entre 8 heures et 11 heures le matin ou entre 22 heures et minuit le soir.

Être trop emmitouflé

Un surplus de vêtements entraîne une sudation dès que l'on passe à l'abri : maison, bureau, transports en commun... Cette transpiration crée un refroidissement localisé de la peau dû à l'évaporation de la sueur, ce qui peut mettre le métabolisme à rude épreuve et affaiblir l'organisme.

Ne pas assez boire

C'est assez naturel, en hiver, avec le froid piquant, on a beaucoup moins soif. Et on se sert beaucoup moins souvent un verre d'eau... une bien mauvaise habitude ! Rappelons que notre corps est composé d'eau à environ 60 %. Et comme un adulte perd en moyenne 2 litres d'eau quotidiennement il est conseillé, pour contrebalancer cette dépense, de boire au minimum 1,5 à 2 litres d'eau tous les jours. Le souci, c'est qu'en hiver, même si on a moins chaud, nos pertes hydriques ne sont pas moins importantes qu'en été. Or comme on boit moins, on n'apporte pas suffisamment d'eau à notre organisme pour qu'il compense ces pertes. On se retrouve alors en état de déshydratation. Il faut savoir que la déshydratation peut engendrer un ralentissement des performances physiques et mentales, et peut entraîner de la fatigue, des maux de tête, des douleurs musculaires, des crampes... voire de la mauvaise humeur. Une étude menée en 2009 à la Tufts University sur une équipe d'hommes et de femmes, aux conditions physiques égales, a prouvé que lors d'une activité sportive, les candidats qui n'ont pas bu d'eau sont rapidement fatigués, agressifs, tendus et déprimés. Si on prend un cas moins extrême comme le quotidien d'une personne active, on constate que le fait de ne pas boire au cours de la journée peut également générer un sentiment de mauvaise humeur et de contrariété. Alors à vos verres d'eau !

Rester enfermé

Grisaille, froid, on a qu'une seule envie en hiver : rester enfermé dans son cocon. On parle souvent des bienfaits du cocooning, mais comme pour tout, l'abus est dangereux pour la santé. Dites-vous bien une chose, même si le ciel est gris dehors, il y aura toujours plus de lumière à l'extérieur que dedans. Alors prenez le temps de vous aérer. La solution : passer au moins 45 minutes à l'extérieur, si possible le matin. La lumière du jour réveille l'organisme en douceur et nous aide à absorber la vitamine D dont nous avons besoin pour la journée. Enfin, il est évident que rester cloîtré nous isole, ce qui a un effet négatif à long terme sur notre humeur, mais aussi sur notre santé : souvenez-vous, c'est une des raisons pour lesquelles nous tombons plus facilement malades.

Ne plus suivre le rythme de la nature

L'homme fait partie intégrante de la nature, pourtant il exige une croissance sans limite, voue un culte à l'efficacité et refuse d'appuyer sur le frein en hiver, au contraire de la végétation et des animaux qui ne trouvent rien de mieux à cette période que d'hiberner. Les progrès (arrivée de la climatisation, chauffage), l'urbanisation et la mondialisation ont tout simplement inventé une seule et même saison que nous vivons tous sur le même rythme, de la même façon. Ainsi, au lieu de nous laisser porter par le rythme de la nature, nous nous y opposons, nous vivons bien souvent à contrecourant. En conséquence, notre métabolisme est malmené par une vie professionnelle et sociale qui n'a que faire de nos rythmes naturels et nous maintient dans l'activisme. Alors forcément, l'entrée dans cette période plus froide, les jours qui raccourcissent ajoutent une couche à la difficulté à vivre cette saison. C'est comme si nous avions volontairement accentué notre météo-sensibilité !

Sur notre calendrier naturel, il est pourtant inscrit que, en hiver, nous devrions garder calme et silence et profiter de la période la plus statique de l'année pour nous reposer.

04.
Bilan de ma météo intérieure

Si vous avez ce livre entre les mains, c'est que l'hiver n'est sûrement pas votre saison favorite. Mais la vraie question est : pourquoi ? Si nous avons vu que certains paramètres liés au temps ne nous rendent pas la vie facile durant cette saison, nous avons en réalité tous des raisons différentes de ne pas aimer cette période de l'année ; tous les psychologues avec qui j'ai échangé s'accordent à dire qu'il est primordial **d'identifier la raison qui se cache derrière ce désamour**. Parfois cela peut être un facteur dont nous ne sommes pas conscients, comme le fait ne pas être habillé de façon appropriée, qui nous amène à détester le froid et par conséquent, l'hiver. Pourtant, une fois connu, ce problème peut être résolu et vous réconcilier avec cette saison bien plus facilement que vous le pensiez.

À vous d'écrire sur chaque branche de ce flocon de neige ce que vous n'aimez pas en hiver **et surtout pourquoi**. Écrivez tout ce qui vous passe par la tête : le froid, le manque de lumière, les trottoirs parfois glissants, etc. Complétez au besoin ci-dessous.

* ....

* ....

* ....

* ....

* ....

* ....

* ....

....

....

....

....

....

....

....

....

....

LA FORMULE MAGIQUE

Comme nous l'avons vu précédemment, l'hiver est une saison aux multiples sources de stress et d'angoisse : il faut affronter le froid, les bactéries et les virus, les changements d'horaires, la baisse de luminosité… des paramètres qui ont tous une influence sur notre forme physique et mentale au quotidien. Il existe pourtant quelques antidotes pour contrer ce stress et vivre en meilleure santé et surtout, plus heureux. Ce sont des clés qui vont vous permettre de sortir de ce cercle vicieux dont nous sommes tous, pour la plupart, prisonniers pendant la saison froide.

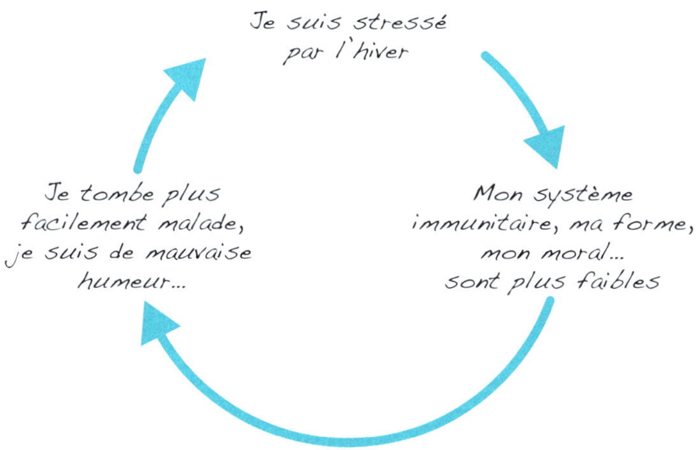

Alors pour faire de l'hiver quatre mois de bonheur, il vous faudra reprendre les choses en main en apprenant à accepter cette saison comme elle est pour accéder à un état de paix intérieure, autrement dit, un état de conscience extraordinaire qui vous permettra de préserver votre énergie, de vous renforcer, pour mieux débloquer vos potentiels afin d'ouvrir la porte à toutes les émotions du bonheur. Il est également primordial, en parallèle, de bien vous protéger pour ne pas laisser la météo hivernale vous affaiblir. N'oubliez pas que ces trois conditions ne peuvent pas s'appliquer l'une sans l'autre : si vous apprenez à développer votre mental mais que vous ne vous protégez pas correctement du froid, ou que vous dormez peu ou mal, vos efforts seront inefficaces. **Le corps et l'esprit sont indissociables.** Voici donc la raison pour laquelle la formule du bonheur en hiver est bien une addition et non une succession d'étapes à accomplir les unes après les autres.

Vous ne pouvez pas contrôler l'hiver mais vous pouvez contrôler comment vous y réagissez. C'est là où se trouve votre pouvoir.

* **Préserver son énergie**
(accepter cette saison, ralentir le rythme
et soigner son sommeil)

\+

* **S'adapter**
(habillement, chauffage, alimentation...)

\+

* **Débloquer ses potentiels**
(mental et physique pour stimuler sa bonne humeur
et sa résistance)

=

Bien-être en hiver

PARTIE 2 :

On prépare le terrain

Préserver son énergie

Ceux qui apprécient l'hiver n'ont pas reçu un don du ciel. Ils ont tout simplement appris à lâcher prise et à accepter ce qu'ils ne pouvaient pas changer !

Manque de lumière, morsures du froid, humidité vacillante Comme nous venons de le voir, l'hiver ne nous est tendre ni physiquement ni moralement. **Suivre tous les conseils que l'on peut entendre en hiver, c'est bien, mais les appliquer dans la sérénité avec une énergie suffisante, c'est mieux ! Il faut donc préparer le terrain pour être le plus efficace possible.**

Pour cela, la première étape est simple : lâcher prise et accepter ce que nous vivons. Oui, accepter que l'hiver revienne chaque année sur notre calendrier et que nous ne pourrons jamais contrôler le temps qui rythme ces quatre longs mois Il faut vivre en harmonie avec lui et non vous battre contre lui ! Si le lâcher-prise est aussi important, c'est parce qu'il nous permet de ne pas gaspiller notre énergie et notre calme inutilement pendant cette saison et nous offre l'occasion de préserver notre santé physique et psychique du poison que représente la rumination des émotions négatives. Acceptons (pour une fois) notre impuissance et agissons intelligemment ! Mais lâcher prise c'est aussi savoir capter la leçon principale que cette saison tente de nous enseigner : celle de ralentir. Gérer le stress en contrôlant la pensée est à la portée de tous. Notre état d'esprit naturel sait supporter ces émotions, mais certainement pas en vivant à notre rythme effréné. Vouloir continuer de vivre à 100 à l'heure en hiver, c'est comme faire un footing avec un sac lourd sur le dos : deux fois plus épuisant. **Se connecter à cette saison passe par prendre du temps pour soi, apprendre à mieux se connaître.** Nous pouvons difficilement vivre bien à contretemps ! Vivre en harmonie avec l'énergie de cette saison revêt même un certain confort qui nous permet de traverser l'année en récoltant un certain nombre de matériaux existentiels utiles à notre croissance et à notre développement intérieur. Vous devez ainsi vous faire à l'idée que c'est un moment clé qui permet de se reconnecter à soi-même. Pour cela, il est important **de se mettre en mode économie d'énergie et de soigner notre sommeil** pour ne pas fragiliser d'autant plus notre santé.

Objectif 1 : Accepter pour atteindre la paix intérieure

Ceux qui apprécient l'hiver n'ont pas reçu un don du ciel. Ils ont grandi, vécu ou vivent dans un environnement propice à cette saison (montagne, pays froids) ou ont tout simplement appris à lâcher prise et à accepter ce qu'ils ne pouvaient pas changer !

Il est bien inutile de résister et de dépenser son énergie à vouloir modifier une situation qui ne peut pas être différente. Résister à une réalité, c'est s'infliger une souffrance émotionnelle : vous vous concentrez sur ce qui ne va pas, ne vous plaît pas, sur ce qui manque à votre réalité et en conséquence vous vous créez des frustrations. Bien souvent, on pense, à tort, qu'en résistant à ce qui nous arrive, en nourrissant notre négativité, nous allons faire disparaître l'événement en question. Imaginez : la neige se met à tomber, la route devant chez vous devient très glissante, vous ne pouvez pas sortir et vous rendre à votre rendez-vous très important sans prendre le risque d'avoir un accident. Vous râlez, mais rien n'y fait, la neige tombe encore et encore et aucune déneigeuse ne se montre à l'horizon. Et vous continuez de ruminer, si bien qu'à la fin, votre corps et votre esprit sont parcourus de tensions douloureuses, une tension nerveuse. Et vous l'aurez constaté : vos pensées négatives n'ont pas eu le pouvoir de stopper les chutes de neige ni arrangé cette situation qui ne vous convenait pas. Je le sais, je l'ai vécu. Alors pourquoi les nourrir encore et encore ? Pourquoi se faire du mal ainsi ? Nous n'avons aucun contrôle sur la météo et les saisons. Accepter l'hiver et ses difficultés, c'est tout simplement obtenir la clé qui ouvre la porte vers la paix intérieure. **Cette paix intérieure, au contraire de la joie, la gratitude, la peur, la colère, n'est en aucun cas une émotion, c'est un état neutre, un niveau de conscience, un espace dans lequel nous pouvons vivre n'importe quelle émotion.** En acceptant ce que vous ne pouvez pas changer, vous vous offrez la possibilité d'être en paix avec la vie et de conserver votre énergie pour les éléments qui sont, eux, sous contrôle : votre pensée, vos gestes. Mais attention, l'acceptation est à différencier de la résignation ! Quand on se résigne, on n'assume pas la responsabilité de notre bien-être et de notre liberté, on subit et on devient victime de la situation. La résignation, contrairement à l'acceptation, nous prive de notre pouvoir de nous adapter à la situation. Je pense par exemple à ces personnes qui restent enfermées en hiver et se laissent démoraliser par le froid et le ciel gris. Elles se sont résignées au fait que l'hiver est difficile à vivre et elles s'apitoient sur leur sort. Grave erreur ! L'acceptation, au contraire, libère, allège et nous remet en contact avec nos ressources, notre pouvoir d'action et de création. En acceptant l'hiver tel qu'il est, notre esprit peut reprendre le contrôle et nous sommes capable alors de lâcher prise, d'être serein, de nous concentrer sur ces petits gestes, ces nouvelles habitudes, qui libèrent en nous des émotions agréables.

Alors comment faire me direz-vous ? Comme le courage, ou la discipline, l'acceptation est une compétence qui se développe par le travail et l'entraînement. Ce travail consiste à être conscient de l'utilité que cette aptitude peut avoir dans notre vie car plus le désir d'acceptation est présent et plus on est prêt à y consacrer les efforts nécessaires. Parce que, en fait, accepter les choses comme elles sont ne nécessite en réalité pas d'effort. C'est plutôt quand vous résistez à une situation que vous faites inconsciemment des efforts.

Approches méditatives

La méditation est un outil parfait qui peut nous apprendre à accepter, à lâcher prise. Les approches par la pleine conscience aident à prendre du recul, à relativiser et à être moins réactif face aux aléas de la vie. Elles consistent à garder son attention dans le moment présent et à observer les signaux faibles autour de soi. Il ne faut donc pas essayer de faire le vide dans son esprit, mais plutôt laisser passer les pensées, les sensations, les sentiments, sans s'y attarder. Au début, vous vous laisserez souvent emporter par vos pensées. Au fur et à mesure, vous parviendrez à fixer de mieux en mieux votre attention. Cette pratique n'est efficace que si elle est régulière.

MON EXPÉRIENCE

Depuis ce fameux hiver où j'ai décidé de me reprendre en main, j'ai passé un contrat temps avec moi-même. La raison ? J'ai un cerveau constamment agité et il l'était encore plus à cette saison. Le froid, le manque de lumière, la fatigue, le stress de la fin d'année, le travail À chaque fois que tout n'allait pas comme je le voulais, j'avais le réflexe de réfléchir, de faire tourner le mental et mes pensées à 100 à l'heure. J'ai compris que lorsque mon mental tournait à plein régime, j'étais comme le ciel obscurci par les nuages, par la pluie Pour retrouver un ciel bleu et donc des idées claires, une psychologue m'a conseillé de faire des exercices de méditation. Depuis, ils sont inscrits dans mon planning, je leur consacre tous les jours 10 minutes. Ils ramènent le calme dans mon esprit et m'ont appris à accepter ce que je ne pouvais pas contrôler.

AU DÉFI !

LE SOUFFLE HIVERNAL

Imaginez-vous dehors. Il fait froid. Prenez une inspiration profonde. Suivez le parcours de cet air froid qui passe par votre nez, puis remplit vos poumons. Expirez lentement et longuement. Attendez un petit temps avant de prendre une seconde inspiration. Prenez conscience des parties du corps que cet air froid traverse ; scannez-le. Concentrez-vous aussi sur les parties qui sont en contact avec une chaise, le sol ou un coussin. Vous êtes dans l'instant présent.

EXERCICE POUR APPRENDRE À ACCEPTER

« C'est l'histoire d'une jeune femme qui avait un rendez-vous important mais qui s'est retrouvé bloquée chez elle par la neige… »
Écrivez au moins trois suites différentes à cette histoire. Écrivez ce qu'elle fait et surtout ce qui dépend d'elle, n'importe quoi, amusez-vous ! Ce n'est pas vous, c'est votre personnage. Cet exercice libère la créativité et laisse ainsi la possibilité aux solutions d'émerger. Cela vous montre qu'il y a d'autres manières de considérer les choses sans invalider les émotions présentes pour autant.

Exercice pour apprendre à accepter

Choisissez un mantra ou une affirmation que vous pourrez répéter lorsque vous aurez du mal à accepter quelque chose. De cette façon, vous serez en mesure de détourner votre attention.
Exemple : « J'accepte ce que je ne peux contrôler » ou encore « C'est comme ça pour l'instant ».

Ma technique favorite : la règle des 5 minutes

L'idée est de s'accorder un créneau de 5 minutes seulement pour vous plaindre de ce que vous voulez lorsqu'une situation vous dérange, vous déplaît, vous frustre… Une fois ces 5 minutes passées, vous n'êtes plus autorisé à dire quoi que ce soit s'y référant. J'utilise cette méthode très régulièrement (notamment en hiver) et elle m'a été d'une grande aide pour apprendre à accepter ce que je ne pouvais pas contrôler.

Nous avons le contrôle sur nos émotions face à l'hiver !

Rappelons-le, en apprenant à accepter cette saison, vous profitez **d'un état de paix intérieure qui vous permet de retrouver votre liberté d'être et d'agir,** qui ouvre la porte à toutes les émotions que vous aurez choisi de vivre !

Rappelez-vous : vous ne pouvez pas contrôler la météo qui rythme l'hiver mais vous pouvez contrôler vos réactions. C'est là votre pouvoir.

Vous êtes donc désormais prêt à retravailler les stéréotypes de l'hiver pour pouvoir rééquilibrer vos émotions et comportements face à cette saison fraîche et en tirer les bénéfices. Et vous savez quoi ? La recette du bonheur en hiver n'est plus un secret pour les chercheurs. Il suffirait entre autres de stimuler les hormones du bien-être (sérotonine, endorphines, dopamine, ocytocine...) pour mieux vivre cette saison. Bonne nouvelle : nous en avons les capacités ! *« La particularité de ces hormones du bien-être est qu'elles sont à notre portée, contrairement aux autres. On peut, par son comportement, son mental, son alimentation stimuler sa propre production de sérotonine (hormone de la bonne humeur), d'endorphines (sorte de morphine naturelle) et d'ocytocine (hormone de l'attachement et de la sécurité intérieure) »*, explique le psychiatre et addictologue Michel Lejoyeux. Vous l'aurez compris, **nous disposons du carburant pour alimenter nos hormones du bonheur !** Et ce carburant prend forme dans la force de notre mental (pensée positive), une bonne respiration et des réflexes sains (sommeil, nourriture, activité...). C'est sur tous ces aspects qu'il faut travailler pour vivre cette saison à 100 % de notre forme et avec le sourire jusqu'aux oreilles. **Les études montrent que la construction de la force mentale serait similaire à la construction de la force physique : tous les exercices que vous allez découvrir dans ce livre sont donc à pratiquer de manière assidue aussi souvent que vous le pouvez !**

En quelques minutes par jour, vous pouvez vous entraîner à penser et respirer différemment, à gérer vos émotions et à stimuler votre propre bonheur.

Les hormones du bien-être à stimuler en hiver

* **Sérotonine :** Cette hormone, dont la sécrétion est stimulée par la lumière, est responsable de notre bonne humeur.
* **Dopamine :** La dopamine contrôle les mouvements, intervient dans la motivation, influence la recherche du plaisir et commande le système de gratification du cerveau en nous poussant à positiver. C'est aussi l'hormone de la vigilance, grâce à laquelle on se sent plus productif et moins fatigué.
* **Endorphines :** Elles modulent les messages douloureux et procurent un effet relaxant et apaisant, véritable rempart contre le stress et l'anxiété.
* **Ocytocine :** Elle est considérée comme l'hormone du lien social et de l'attachement et diminue l'anxiété en freinant la synthèse de cortisol, l'hormone du stress.

NOS PENSÉES CONTRÔLENT AUSSI NOS ÉMOTIONS !

Cet outil proposé par la coach de vie américaine, Brook Castillo, dont je suis le travail depuis longtemps (ses podcasts sont très intéressants), a mis en place un outil qui m'a beaucoup aidée dans ma vie de tous les jours, et particulièrement en hiver. Il permet de comprendre que nous sommes les seuls maîtres de nos pensées et que celles-ci sont une des sources principales de nos actions et donc de nos émotions. La méthode consiste à remplir une grille avec 5 points (CPEAR).

Circonstances : Les faits ou la situation, décrite de façon neutre et sans jugement.
Pensée : La phrase que je me dis dans ma tête au sujet de ces circonstances.
Émotion : Comment je me sens quand je pense ça.
Action : Ce que je fais (ou ne fais pas) quand je me sens comme ça.
Résultat : Les conséquences de cette action ou inaction dans ma vie.

En faisant cette analyse, nous pouvons remonter jusqu'aux pensées qui ont été à l'origine d'un résultat. Donc, pour changer le résultat dans une situation similaire (ou dans la situation actuelle si elle n'est pas résolue), il faut commencer par changer de pensée et remplacer sa pensée négative par une pensée positive pour générer une action positive et donc un résultat satisfaisant.

Un exemple propice à l'hiver.

Circonstances : Le thermomètre affiche - 5 °C et le ciel est gris.
Pensée : Il fait moche et trop froid, ce temps me déprime.
Émotion : Tristesse, démotivation.
Action : Je reste cloîtrée chez moi à regarder des séries en pyjama.
Résultat : J'ai été très improductive et je suis totalement démoralisée à la fin de la journée.

Pour surmonter la situation et reprendre le dessus, il faut donc modifier sa pensée.

Voici la seconde grille que je pourrais remplir pour arriver à un résultat beaucoup plus positif.

> **Circonstances :** Le thermomètre affiche - 5 °C et le ciel est gris.
> **Pensée :** Je vais rester au chaud et en profiter pour faire du rangement chez moi.
> **Émotion :** Optimisme, sérénité.
> **Action :** Je m'active et je mets de l'ordre dans tous les placards de ma maison.
> **Résultat :** Je me sens mieux chez moi et je suis satisfaite de ma journée.

La simplicité du modèle permet de l'utiliser dès que l'on se sent enfermé dans une situation ou que l'on a du mal à retrouver un état d'esprit positif.
C'est un exercice de tous les instants.

À vous de jouer !

Circonstances : ....

....

Pensée : ....

....

Émotion : ....

....

Action : ....

....

Résultat : ....

....

Objectif 2 : Se reconnecter à son environnement

C'est une autre étape primordiale durant cette saison, s'adapter à notre environnement en économisant notre énergie dans un seul et unique but : rendre encore plus efficace notre développement intérieur. Si l'énergie n'est pas suffisante, ces astuces et techniques que vous découvrirez dans les chapitres suivants n'auront aucune efficacité ! **Rappelez-vous, le corps et l'esprit ne font qu'un.**

Que vous inspire la tortue ? Quelles sont ses particularités ?

....

....

....

....

....

....

Dans le taoïsme, doctrine religieuse et philosophique chinoise qui enseigne la solidarité totale entre la nature et l'homme, la tortue est l'animal symbolique de l'hiver en raison de **son sang-froid, sa lenteur, sa capacité à rentrer ses pattes et sa tête et de fermer ses sens au monde**. C'est un symbole fort car elle représente tout ce que l'homme devrait être capable de faire en cette saison pour maximiser son bien-être. Alors, cet hiver, inspirez-vous de la tortue, ralentissez le rythme et rentrez dans votre carapace afin de prendre du temps pour vous ! L'idée est, encore une fois, de préserver votre énergie et votre santé aussi bien physique que mentale.

Pourquoi doit-on ralentir en hiver ?

L'homme étant un animal à sang chaud (37 °C), le froid n'est pas son élément. Lorsque les degrés baissent, notre corps éprouve le besoin de se réchauffer, l'envie de rester à l'intérieur. Et sous l'effet du froid et du manque de lumière, celui-ci se met en mode « survie » : il va donner la priorité aux organes clés, soit le cerveau et le cœur.

Certaines fonctions, comme la digestion et l'élimination, peuvent alors fonctionner au ralenti. Vous comprenez ainsi pourquoi, en médecine chinoise, l'organe associé à cette saison est le rein. La première fonction de celui-ci est de contenir notre énergie. C'est là où est synthétisée l'énergie vitale qui est la somme de l'énergie ancestrale (héritée de nos parents lors de notre création) et de l'énergie essentielle (qui est celle qu'on crée par notre mode de vie au quotidien). Si notre énergie essentielle est déjà faible car nous sommes soumis au stress, à un environnement pollué, une mauvaise alimentation... nous devrons puiser dans notre capital d'énergie ancestrale (nos réserves) pour combler le manque, ce qui aura des conséquences sur la qualité et la durée de notre vie. Voilà pourquoi, en hiver, il est capital de recharger nos batteries pour faire nos réserves énergétiques pour l'année qui vient. Ces réserves seront alimentées par le surplus d'énergie produit par un mode de vie équilibré et par une attention particulière à notre alimentation et à notre respiration. **L'organisme a besoin de forces, de répondant pour pouvoir se protéger et développer ses facultés.** Pour cela, il faut absolument apprendre à s'économiser plutôt qu'à se stimuler. En somme, il vaut mieux être un peu à contretemps de la société et plutôt en phase avec son propre cycle personnel.

Trouver son mode de vie en hiver

S'initier à la *slow life* peut être un outil très intéressant pour apprendre à aimer l'hiver. Mais attention, ce mouvement n'a rien à voir avec la paresse. Le but n'est pas d'être à l'arrêt mais bien de décélérer ! Pour Chloé Blin-Maginot, coach, auteure et conférencière en *slow life*, ce mouvement permet de trouver son propre mode d'emploi pour avancer dans la vie avec douceur et alignement. *« Il faut vivre connecté à la terre et trouver son propre cycle personnel, celui qui nous convient et nous permet de vivre au maximum de nos capacités »*, m'a-t-elle confié. Le problème est que la vie moderne ne nous le permet plus vraiment. Elle nous impose le même rythme toute l'année, ce qui nous épuise et nous pousse, *in fine*, à ne pas aimer cette saison. Et c'est prouvé, le stress et la nervosité liés à nos rythmes de vies frénétiques en hiver sont mauvais pour notre santé aussi bien physique que mentale. L'idée est d'écouter son horloge interne, de laisser sa montre de côté, d'apprendre à connaître son propre rythme Et comme me l'a également bien expliqué Cindy Chapelle, sophrologue et auteure du blog La Slow Life : *« Ce n'est pas parce que l'on vit à 100 à l'heure que l'on vit à 100 %, bien au contraire. »* Il faut privilégier la qualité à la quantité et au lieu d'ajouter toujours une activité, un projet, ou une rencontre à votre agenda, faites le contraire.

Allégez votre emploi du temps – donc votre mental – et gagnez en énergie vitale !

AU DÉFI

SUIVEZ LA MÉTHODE ROCCK

(de Chloé Blin-Maginot)

1. **Ralentir :** se mettre en retrait et s'écouter intérieurement.
2. **Observer :** être en phase d'exploration de notre milieu naturel.
3. **Conscientiser :** adapter notre rythme à notre environnement selon nos observations.
4. **Choisir :** mettre en place sa stratégie.
5. ***Koala time* :** L'idée ici est de valider ses choix en profitant des bienfaits que l'on récolte suite à la stratégie mise en place. Tel un koala, dégustez votre eucalyptus (cet animal représente la forme de célébration par excellence).

LA PRATIQUE

1. PHASE RALENTIR

S'offrir du temps d'intériorisation

La première étape consiste à se poser vraiment, seul avec soi-même, de réfléchir sur son mode de vie et de redéfinir ses priorités. Laissez tomber les habitudes qui ne vous correspondent plus, et mettez en place des nouvelles, davantage en phase avec vos valeurs. L'hiver correspond à la phase de « non-agir », il s'agit d'un temps important pour contempler ce qui se joue dans nos vies et engendrer en soi les graines d'un nouveau cycle. C'est le moment idéal pour s'offrir un temps de pause, de silence, de méditation. Un moment idéal pour prendre du recul et faire un bilan sur soi-même.

EXERCICE D'INTÉRIORISATION

Répondre à ce petit questionnaire qui devrait vous aider à faire le point.

* Quelles ont été mes erreurs les plus récurrentes ?
* Comment ai-je réussi à réaliser mes objectifs ?
* Ai-je été satisfait par les buts que j'ai atteints ? Quelles sont mes failles ?
* Quels sont mes points forts ?
* Qu'est-ce que j'aimerais désormais réaliser ?

Parmi tout ce que vous faites et avez à faire :

* Qu'est-ce qui est indispensable ?
* Qu'est-ce qui n'est pas essentiel ?

* Qu'est-ce qui est franchement une perte de temps ?
* Qu'est-ce qui représente une ou des obligations pénibles auxquelles il est temps de se soustraire ?
* Qu'est-ce que vous pouvez déléguer ?
* Quels changements allez-vous mettre en place ?
* Qu'allez-vous réarranger, modifier, supprimer ?

2. OBSERVER

Retrouver un lien avec la nature

Regardez autour de vous : en hiver, toute la nature se met en veille. N'oublions pas que l'Homme en fait aussi partie et que nous ne sommes pas différents, ni supérieurs, ni plus résistants que les animaux ou la végétation. Si, bien évidemment, le monde extérieur nous sollicite autant que le reste de l'année, il est pourtant sage de ralentir notre activité, de nous économiser et de nous intérioriser davantage pour pouvoir affronter les brimades de l'hiver sans nous épuiser. Regardez les arbres : en hiver, ils dorment... à moitié ! Ils entrent dans une phase que l'on appelle la « dormance », une longue somnolence qui a pour but de protéger leurs bourgeons que menace notamment le gel. N'est-ce pas un merveilleux exemple ? **Être en phase avec une saison, c'est suivre la logique naturelle et ne pas la contrarier par des mauvaises pratiques,** qu'elles soient physiques ou émotionnelles. Il faut ainsi s'alléger, car l'énergie se fait rare, tout en pensant aux plantations à venir.

3. CONSCIENTISER : LE MOMENT DU BILAN

Adapter ses aspirations selon son rythme naturel et selon ses observations.

Qu'avez-vous observé autour de vous ?
(exemple : la nature est endormie)

....
....
....
....
....
....
....
....
....
....

Que ressentez-vous au fond de vous ?
(exemple : une fatigue liée au travail, du stress, de l'angoisse, etc.)

....
....
....
....
....
....
....
....
....
....

4. CHOISIR

Après avoir dressé votre bilan, à vous de mettre en place de nouvelles habitudes en adéquation avec celui-ci.

Quelques exemples

* Se reposer plus souvent.
* Repenser son organisation au travail.
* Partager les tâches ménagères.
* Partir en vacances en hiver plutôt qu'en été.
* Une intention de retraite : ne faire que le minimum cette semaine et se consacrer à soi à sa famille.
* Développer le rêve : écrire ce dont vous rêvez sur un papier et évaluez si cela est faisable.
* Hibernation numérique : se déconnecter.
* Éviter le « multitâches » et se limiter à une seule chose à la fois afin d'augmenter sa productivité.
* Anticiper les choses. Prévoir un planning la veille pour le lendemain permet de bien organiser sa journée et de ne pas se sentir débordé. Savoir ce qui nous attend évite un stress inutile le jour J.

5. KOALA TIME :

Quels bénéfices en avez-vous retiré ?

....

....

....

....

....

....

....

....

....

....

....

....

....

MON EXPÉRIENCE

Pour ma part, cette méthode m'a aidée à revoir toute mon organisation de travail. Étant passionnée par mon métier, j'avais gardé le même planning chargé, le même rythme soutenu en hiver que lors de toutes les autres saisons. Résultat, j'étais toujours épuisée ! J'ai donc observé, conscientisé et je me suis rendu compte que j'avais besoin de plus de temps pour moi si je voulais être encore plus performante et surtout encore plus heureuse entre le mois de décembre et mars. Mon métier impose que l'on travaille aussi en fin de semaine (l'information météorologique ne s'arrête jamais). Étant journaliste indépendante, j'avais dû mal à dire non quand on m'appelait pour être de service ce jour-là. Mais j'ai ensuite compris qu'être absente aux réunions de famille qui se déroulaient le dimanche sans moi m'épuisait moralement. D'autant plus, que contrairement à l'été, je ne sortais pas le soir en semaine pour voir mes amis, à cause du froid, de la nuit qui tombe tôt… J'ai donc mis un frein à ma vie professionnelle et désormais, je refuse de travailler le dimanche en hiver et je m'impose un autre jour de repos dans la semaine où je ne fais rien d'autre que m'occuper de moi. Je m'impose aussi ponctuellement des hibernations numériques et j'ai retrouvé de l'énergie, de la motivation et cet état d'esprit m'a encore plus aidée à aimer la saison froide. J'ai ainsi trouvé le mode de vie qui me convient.

Quelques moments de lenteurs (et antistress) à expérimenter en hiver

* Déguster son thé

Cela peut-être votre petit moment à vous ! Prenez le temps de choisir une jolie tasse et une variété de thé que vous appréciez tout particulièrement. Observez le sachet infuser, sentez la chaleur envahir votre corps grâce à vos doigts posés sur la tasse chaude et prenez aussi le temps de le déguster.

* Éplucher ses légumes

L'hiver est la saison des soupes, celle qui nous invite à éplucher davantage nos légumes. Pourquoi le faire rapidement ? Prenez là aussi le temps et faites-le avec tendresse afin de sentir la texture du légume dans sa main, son parfum…

* Le coloriage antistress

En 2004, Nancy Curry et Tim Kasser, aujourd'hui les deux personnes de psychologie à l'université de Knox dans l'Illinois (États-Unis), avançaient que *« colorier des formes géométriques complexes permettait de suspendre son "dialogue intérieur" »*. En se concentrant sur leur motif, les amoureux du coloriage se débarrassent progressivement de leurs pensées négatives et des émotions qui empêchent parfois d'y voir clair. **Le coloriage de motifs complexes ferait baisser le taux de cortisol, hormone du stress,** et conduirait les personnes qui s'y prêtent dans un *« état similaire à la médiation »*. Une excellente activité à pratiquer l'hiver pour renforcer son système immunitaire en s'amusant !

Le manque de sommeil peut influencer profondément notre santé mentale et diminuer notre capacité à faire face au stress lié à notre environnement.

Objectif 3 : Soigner son sommeil

En hiver, on ralentit le rythme et on apprend à bien dormir ! La nuit est une partie de notre vie qu'il ne faut pas négliger. La qualité du sommeil interfère avec nos défenses immunitaires et notre état de santé.

D'après l'Inserm, *« le repos permet à l'organisme d'assurer des fonctions nécessaires au développement et à la santé. Pendant le sommeil, le cerveau est actif. Les différents stades du sommeil permettent à l'organisme de faire le plein d'énergie et d'emmagasiner les informations reçues la journée. La mémoire est comme restaurée. Le temps et la qualité du sommeil sont très importants. Durant cette période, le cerveau sécrète des hormones qui aident le système immunitaire à lutter contre les infections bactériennes et virales »*. Ainsi, **bien dormir a des répercussions positives sur notre immunité et notre santé comme** un microbiote sain, une meilleure régulation de l'insuline qui permet de réduire les risques de diabète, une réduction des risques de surpoids et obésité, une baisse de la tension artérielle permettant une meilleure santé vasculaire, une baisse des risques d'accident grâce à une meilleure vigilance, etc. Rien ne sert là aussi de travailler son mental si vous ne soignez pas vos nuits. Le sommeil, c'est le repos du corps et de l'esprit !

Liens entre les hormones et sommeil

En plus de nous permettre de « recharger nos batteries », le sommeil nous permettrait de consolider notre mémoire, mais aussi de maintenir notre cerveau au meilleur de sa forme. **Toutes les études menées sur le**

sujet le confirment : le manque de sommeil peut influencer profondément notre santé mentale et avoir un impact sur notre niveau d'énergie et notre motivation, diminuant notre capacité à faire face au stress lié à notre environnement. Il peut amplifier les troubles de l'humeur et de l'anxiété préexistants en augmentant l'instabilité émotionnelle, l'irritabilité et la fatigue. La raison en est simple : le sommeil a le pouvoir de gérer le système endocrinien qui libère les hormones. Et avouons-le, nous n'avons absolument pas besoin de ça en hiver ! Voilà donc pourquoi la saison est propice au repos.

Pourquoi dort-on moins bien en hiver ?

Nous l'avons vu, en hiver, la luminosité est plus faible et le ciel souvent bien plus gris (cf. page 14) sans oublier que les journées sont plus courtes. En conséquence : notre horloge biologique se dérègle, notre corps est perturbé et on ne sait plus vraiment quand il faut aller dormir ! Pour éviter ces désagréments qui peuvent facilement pomper toute notre énergie, quelques astuces simples sont à appliquer.

Avoir un rythme de sommeil régulier

Lors de cette saison, notre corps a besoin de suffisamment de repos. Il est indispensable d'aller se coucher et de se lever à heures fixes (ou du moins relativement régulières) tous les jours de la semaine. Vous aurez donc compris que les grasses matinées du week-end, que l'on fait bien souvent pour rattraper les heures de sommeil de la semaine, sont à proscrire pour éviter les trop grandes variations. De cette façon, vous ne bousculerez pas votre horloge biologique et vous vous adapterez en douceur à un cycle de sommeil normal.

Trouver votre chronotype

Connaître la durée de sommeil idéal qui nous convient est primordial pour améliorer notre hygiène de sommeil. Même si les études recommandent une durée de 7 à 9 heures de sommeil, nous sommes évidemment tous différents. Certains sont « du soir », d'autres « du matin ». Vous pouvez ainsi tenir un journal du sommeil pendant quelques semaines : en notant vos heures de coucher et de lever et votre sensation de repos ou de fatigue tous les matins, vous allez rapidement pouvoir définir votre temps de sommeil idéal, qui a vocation à légèrement évoluer au fil des saisons ou des périodes de vie.

Mettre une alarme pour aller se coucher

On met bien un réveil pour se lever, pourquoi pas un réveil pour aller dormir ? Cette habitude peut vous permettre d'apprendre à « caler » votre heure de coucher afin de mettre en place un rythme.

Favoriser les activités relaxantes

Lire, méditer, colorier, écouter des musiques douces..., favoriser une activité calme avant de se coucher est recommandé par tous les spécialistes.

Pour autant, il ne faut pas lire trop longtemps : se plonger dans la lecture de plusieurs chapitres d'un livre avant d'aller se coucher n'est pas la meilleure chose qui soit pour bien dormir. La lecture prolongée ralentit l'endormissement et perturbe le sommeil : *« De manière générale, elle ne doit pas excéder 10 à 15 minutes. Au-delà, on stimule l'intellect et on réveille le cerveau »*, explique Joëlle Adrien. Pour optimiser son sommeil, on veille aussi à bien choisir son genre littéraire, *« d'un point de vue émotif, les polars auront tendance à exciter »*.

Éteindre la télévision et couper le smartphone

La lumière bleue des écrans est une menace pour un bon sommeil. L'idéal est même de les arrêter *« une heure et demie avant de se mettre au lit »*, explique la neurobiologiste Joëlle Adrien, directrice de recherche à l'Institut national de la santé et de la recherche médicale (Inserm). Tout est encore une question d'hormones : *« C'est dans l'obscurité que nous sécrétons la mélatonine, l'hormone qui donne le signal du sommeil au cerveau. Or la luminosité des écrans touche la rétine et stimule cette sécrétion. Un signal paradoxal est envoyé à l'organisme : on lui dit qu'il faut être éveillé au moment où on cherche le sommeil. On perturbe notre horloge interne. Pour dormir le mieux possible, on éteint aussi chaque appareil en veille dans la chambre »*, poursuit-elle.

Créer une ambiance tamisée

La lumière artificielle de nos logements perturbe l'équilibre sérotonine/mélatonine : notre cerveau pense qu'il fait encore jour quand il fait nuit, ce qui perturbe notre équilibre naturel. Ainsi, pensez à **baisser les lumières et à créer une ambiance lumineuse plus tamisée** environ 2 heures avant de vous coucher. Privilégiez également les lumières « chaudes » (jaunes) plutôt que « froides » (bleues) pour le soir.

Manger léger

Si votre repas du soir est trop lourd, l'estomac va mettre plus de temps à digérer en raison du volume des aliments qu'il contient. Il faut donc limiter la quantité de matières grasses au dîner, qu'elles soient visibles (sauces, crèmes) ou cachées (charcuteries, fromages) – mais aussi de protéines car elles ont un effet stimulant sur l'organisme et enfin des boissons excitantes comme le café et le thé (même si la sensibilité n'est pas la même pour tous). Un équilibre entre repas trop copieux et trop léger est à rechercher car manger trop léger vous réveillera la nuit.

LA PETITE ASTUCE : GARDER SES CHAUSSETTES POUR DORMIR

Gardez vos pieds au chaud avec des chaussettes de nuit est essentiel pour bien dormir. Cette partie du corps comprend de nombreux pores par lesquels la chaleur corporelle passe facilement. Lorsqu'il fait froid, ces pores sont fermés et vous ressentez davantage le froid. Dans le pire des cas, vous frissonnerez, produirez de l'énergie et vous vous endormirez avec plus de difficulté.

Se reposer mais pas trop !

L'hiver est une saison qui invite au repos. Toutefois, les professionnels nous invitent à ne pas « tomber » dans l'excès de sommeil, car dormir trop longtemps ou s'adonner à des siestes trop longues désynchroniseraient notre horloge biologique quand les jours sont déjà courts et que la lumière vient à manquer.

L'art de la sieste en hiver

Selon les experts, Il existe un moment idéal pour faire une sieste : la fin de la pause déjeuner, en début d'après-midi. L'astuce : programmez votre réveil pour qu'il sonne environ 25 minutes après le début de la pause, pour vous assurer de dormir une vingtaine de minutes. Des siestes express de 10 minutes sont également efficaces. Mais la règle d'or est de ne pas se mettre dans les mêmes conditions que lorsque l'on va se coucher le soir venu. Dormir dans le noir complet risque de tromper votre organisme qui croira alors qu'il fait nuit, ce qui aura pour effet de dérégler votre rythme de sommeil.

AU DÉFI

Exercice de sophrologie pour bien dormir (proposé par la sophrologue Alexandra Petitjean)

1. Confortablement installé dans votre lit, commencez par prendre conscience de votre corps dans cette position, des points d'appuis de votre corps dans le lit : la tête contre l'oreiller, les épaules qui reposent tranquillement, le dos et les muscles fessiers au contact du matelas, mes jambes et les pieds relâchés…

…

...

2. Relâchez toutes les tensions de la journée en soufflant et laissez-vous aller tranquillement à la détente, vous vous apprêtez à accueillir le sommeil.
3. Pour vous aider à vous endormir tranquillement, choisissez un mot positif (calme, détente, sommeil, zen, relaxation...).
4. Sur chacune des expirations, prononcez mentalement ce mot positif pour le diffuser à l'intérieur de vous, pour qu'il se diffuse dans toutes les cellules de votre corps.
5. Inspirez profondément et tranquillement.
6. Retenez l'air quelques instants.
7. Et soufflez lentement, et tout en expirant lentement, prononcez mentalement ce mot positif que vous avez choisi.

Répétez l'exercice plusieurs fois de suite (cinq fois par exemple).

Créer le climat de sommeil adéquat pour bien dormir

* La bonne température

Nous l'avons vu, l'hiver nous permettrait de bien dormir en favorisant une température fraîche dans nos chambres. Rentrons un peu plus dans le détail : vous avez sans doute pu le constater par vous-même, la température de notre corps, tout comme celle de notre environnement direct, influence notre sommeil. Qui n'a jamais été réveillé en pleine nuit par le froid, sa couette ayant glissé au sol ? Ou encore, qui n'a jamais connu de difficultés à s'endormir les soirs de canicule ? La science nous donne aujourd'hui de précieux enseignements sur le lien entre sommeil et température. La température du corps humain est en moyenne de 37 °C mais elle n'est pas constante : elle oscille au cours de la journée. Elle est à son maximum entre 16 heures et 20 heures et au plus bas entre 2 heures et 5 heures du matin. Ce cycle naturel est directement lié à celui des journées et des nuits.

Pour pouvoir s'endormir, la température de notre corps doit perdre entre 1 et 1,5 °C. Deux fois par jour, la température interne du corps baisse et c'est donc durant ces phases que la capacité à dormir est optimale. Ces phases se situent généralement vers 14 heures (heure de la sieste) ou le soir après 22 heures. Nous avons vu page 20 que l'hypothalamus, véritable petit thermostat, détecte les différences de température, régule notamment celle de notre corps et joue un rôle fondamental dans l'endormissement. Notre sommeil est donc très lié à la température centrale de notre corps. Pour le mettre dans de bonnes conditions pour une bonne nuit de sommeil, il faudra donc l'aider à diminuer sa température. Ainsi, s'il fait trop chaud, la baisse de température du corps se fera difficilement et perturbera le sommeil. Une chambre à bonne température est par conséquent, et en dépit des changements dus aux saisons, l'un des facteurs essentiels à une bonne nuit de sommeil. D'après l'Institut national du sommeil, l'idéal dans une chambre tourne autour des 18 °C. Pendant le sommeil, nos fonctions corporelles (battements du cœur, respiration...) sont au ralenti. À une température d'environ 18 °C, les mécanismes qui régulent la température corporelle sont quasiment inactifs. Cela s'appelle la « neutralité thermique » et permet à notre métabolisme de récupérer au maximum.

LE SAVIEZ-VOUS ?

Dormir à deux comme 67 % des Français ou avec un animal de compagnie augmente la température de la chambre également. La chaleur dégagée par une personne est équivalente à une ampoule de 80 watts.

* Le bon taux d'humidité

L'air de votre chambre est-il trop ou pas assez humide ? Cette question a toute son importance car si l'air est trop sec, toute l'humidité des voies nasales disparaît. On peut alors avoir tendance à ouvrir la bouche et à ronfler ce qui peut être le début d'un mauvais sommeil. L'idéal est d'avoir un air ambiant contenant 30 à 50 % d'humidité. Si ce n'est pas le cas, vous pouvez vous procurer un humidificateur d'air ou tout simplement mettre un bol d'eau (à changer tous les jours car sinon, bonjour le bouillon de culture) sur votre radiateur, pour que l'air de la chambre ne soit pas excessivement sec.

PARTIE 3 : Débloquer ses facultés mentales et physiques

On se met en action

MODE PLEIN SOLEIL

Nous avons le pouvoir de profiter des bienfaits du soleil toute l'année grâce à la force de notre esprit.

Le soleil c'est la vie ! Voilà pourquoi nous aimons particulièrement l'été. On ne le répétera jamais assez mais sa belle lumière règle nos rythmes biologiques, active la sécrétion de la sérotonine, hormone de la bonne humeur, renforce le système immunitaire et stimule également la vitamine D qui joue un rôle essentiel dans le bon fonctionnement de notre organisme. Mais voilà, l'astre roi s'accorde souvent une petite pause en hiver et nous laisse dans l'obscurité, de quoi nous faire perdre énergie et bonne humeur. Rassurez-vous, ce n'est pas une fatalité ! Vous allez découvrir comment optimiser votre bien-être grâce, entre autres, à l'alimentation ou encore la force de notre mental.

Car éveiller notre soleil intérieur passe par nos capacités à justement cultiver le bon état d'esprit, un état d'esprit positif. Il est important d'éduquer notre mental pour qu'il ait un effet sur notre pouvoir émotionnel. Tout ce que l'on voit, entend ou imagine crée des réactions émotionnelles en nous car tout ce qui entre par la porte de notre esprit a un impact sur notre réceptacle corporel. L'humain n'aime pas le froid ni la grisaille, alors chaque hiver c'est la même chanson : il se plaint, peste sans cesse contre la météo, a des pensées négatives nocives pour sa santé car sources de stress. C'est ce qu'on appelle le « biais de négativité », un mécanisme primitif de survie qui veut que le cerveau donne plus d'importance aux informations qui concernent un danger potentiel.

Or, certaines substances chimiques se manifestent plus que d'autres lorsque le stress ou l'anxiété pointent leur nez. Dans ce cas, l'adrénaline, hormone du stress « aigu » et le cortisol, celle du stress « sévère » sont à leur maximum, affaiblissant considérablement l'organisme. Au long cours, ces hormones, si elles sont trop sollicitées, peuvent nous causer bien des déboires : système immunitaire défaillant, insomnies, fatigue chronique, prise de poids, dépression, isolement des états qui laissent encore plus de place au stress lui-même et c'est le cercle vicieux qui s'enclenche.

Il faut donc nourrir notre esprit d'images positives et bien l'exercer par des affirmations positives. Le positif étant tout ce qui nous fait sentir bien, comme des pensées d'amour, de paix, d'harmonie, de joie, de collaboration, de croissance, de vérités spirituelles et naturelles. Et pourquoi avons-nous tant de mal à être positif en hiver ? Parce que nous avons une vision erronée de cette saison.

Rappelez-vous ce que je vous racontais au tout début de ce livre quand je vous expliquais d'où était venu mon déclic, *« j'avais eu l'impression de vivre une belle journée avec une personne que j'avais mal jugée sans la connaître »*. Le problème est vraiment là.

Le cerveau aime aussi que la réalité corresponde à ce à quoi il s'attend, c'est le « biais de confirmation » : nous recherchons inconsciemment des preuves qui valident notre raisonnement en écartant celles qui le contredisent. Si nous sommes convaincus que l'hiver est une saison horrible, alors nous allons passer à côté de milles choses plaisantes sans les voir et sans en tirer l'énergie positive qui pourrait améliorer notre humeur et nous aider à traverser le reste. On est focalisé sur cette vision et on voit tout autour de nous sous cet angle. Notre plus grand ennemi est souvent nous-mêmes, l'ennemi se cache dans notre conscience, dans notre façon de voir notre environnement. **Bouddha le disait très bien : « *Nous sommes ce que nous pensons, avec nos pensées nous bâtissons notre monde* ».** Nous créons notre perception selon la manière dont nous pensons les choses comme si « notre état d'esprit colorait le ciel », si on est positif, c'est comme si le soleil en nous nous empêchait de nous laisser abattre par la grisaille. Oui, notre météo intérieure influence notre perception de la météo extérieure. En clair, si nous pensons que l'hiver est génial, nous vivrons un hiver génial.

Nous allons donc préparer notre cerveau à une nouvelle réalité, « celle d'un hiver génial ». Une des clés pour réussir cette mission ? Agir directement sur son image et réinjecter du plaisir pour activer les hormones du bien-être. Il faut retrouver son âme d'enfant.

Vous créez votre perception et vos ressentis selon la manière dont vous pensez.

Objectif 4 : Développer sa capacité d'émerveillement

Dressez une liste de toutes les caractéristiques qui définissent le tempérament d'un enfant.

Exemple : ils sont curieux, créatifs...

....

....

Vous voyez, les enfants ont en fait tous les superpouvoirs pour aimer l'hiver !

En avez-vous déjà entendu un se plaindre de cette saison ? Très peu probable. Comme le souligne Gilles Brien, biométéorologue à Québec : « *Dans toutes les enquêtes internationales faites sur la question, le segment de la population qui se montre toujours plus positif envers l'hiver est chaque fois le même : les enfants.* » Ceux-là s'amusent par tous les temps : ils sautent dans les flaques quand il pleut, cueille des fleurs au printemps, font des bonshommes de neige en hiver... Ils ont cette capacité de s'immerger dans le moment présent pour une quête constante de plaisir. Ce que nous, adultes, avons malheureusement complètement perdu !

En grandissant les choses changent ! À chaque âge ses apprentissages et ses discours d'adultes : « *Couvre-toi bien, tu vas attraper froid* », « *Ne te couche pas tard, tu vas être fatigué* », « *Ne cours pas sur la neige, tu vas glisser et te faire mal* » Alors même si elles ont un fond de vérité, on nous harcèle de ces petites phrases et on nous rabâche sans cesse que « l'hiver c'est dur », ce qui nous conditionne et véhicule des croyances. Nous devenons blasés de cette saison et sommes convaincus qu'elle n'a aucun bienfait sur nous.

Mais le secret pour l'apprécier est simple pour les psychologues : **retrouver notre âme d'enfant**. Cela ne veut pas dire régresser, redevenir un être naïf et immature ! Au contraire, cela signifie retrouver toutes les qualités qui nous caractérisaient : la confiance, l'innocence, l'insouciance, la spontanéité, la créativité, l'amusement… C'est retrouver sa joie de vivre, son enthousiasme pour apprendre à se reconnecter à cette saison !

Quelques clés efficaces

Voici donc les clés pour **enclencher un magnifique cercle vertueux** !

Clé numéro 1 : Savoir s'émerveiller

De nos jours, la science analyse, découvre et explique (presque) tout. Par conséquent, tout nous semble banal, les miracles n'existent plus… Nous avons un peu perdu la capacité de nous émerveiller pour les choses simples qui nous entourent même en hiver. Nous savons pourquoi la neige tombe, pourquoi le soleil se couche plus tôt Nous ne regardons plus ce qui se passe parfois sous nos yeux avec attention, avec émerveillement. Réapprendre à s'émerveiller nous invite aussi à ignorer les messages qui nous conditionnent, nous formatent, et nous amènent à correspondre à ce que notre environnement attend de nous : en l'occurrence, se méfier de cette saison ! De nombreux psychothérapeutes invitent leurs patients à renouer avec les plaisirs et les perceptions liés à l'enfance pour apprendre à mieux se connaître, à savoir ce qui est important pour eux et qui leur plaît : l'émerveillement devient comme une prise de conscience intérieure. Et comme par magie : **cela stimule la dopamine, une hormone du bien-être.**

C'est vrai, il est simple de nous émerveiller de paysages somptueux qui nous dépassent me direz-vous. Mais comment le pratiquer dans notre quotidien ?

L'émerveillement est une expérience qui ne dépend pas tant de l'environnement dans lequel vous êtes que du regard que vous posez dessus. Garder la fraîcheur du regard, l'innocence de la découverte redonne à chaque objet, personne, situation, son auréole de « première fois ». Dans ces mille et un détails qui tissent notre vie quotidienne, arrêtons-nous quelques instants, fermons les yeux, relions-nous au souffle vital puis revenons à nos actes le regard neuf. Ce n'est que la répétition de ces actes qui les a banalisés.

MON EXPÉRIENCE

Je me souviens qu'un matin, en prenant mon petit-déjeuner, je regardais le soleil se lever à travers ma fenêtre. Et là, dans l'arbre juste en face de moi, un petit oiseau était en train de construire son nid avec application. J'ai longuement observé ce travail incroyable et surtout prodigieux ! L'espace de quelques minutes, j'étais devenue une enfant émerveillée : il prenait avec délicatesse dans son bec des petits morceaux de bois qu'il déposait avec soin sur son petit tas, sans se soucier de moi. Ce n'était pour une fois pas un documentaire à la télévision que je regardais, c'était là sous mes yeux Depuis, je prends le temps dès que je le peux d'observer plus longuement les scènes qui se déroulent sous mes yeux comme parfois de magnifiques couchers de soleil. Cela fait du bien à l'âme !

EXERCICE

Observez vous aussi une scène qui se déroule sous vos yeux : cela peut être une fleur, son odeur, sa couleur, un insecte qui se pose sur une plante, un chat qui fait sa toilette, un oiseau qui vole. Contemplez ce qui se passe avec un regard nouveau, posez-vous des questions… Que ressentez-vous ? Qu'est-ce que cela vous inspire ?

....

....

....

....

....

....

....

....

....

....

....

....

* Garder une trace de ses émerveillements

Vous pouvez tenir un journal de vos émerveillements et écrire tous les jours pendant deux semaines ; tout ce qui provoque de l'émotion et de l'admiration en vous peut être très puissant. La narration détaillée permet de revivre les émotions liée à cette expérience personnelle et implique une réflexion.

Clé numéro 2 : Apprendre à oublier

Un enfant n'a pratiquement pas de passé C'est ce qui fait qu'il vit dans l'instant et sait s'émerveiller de tout ce qu'il rencontre. Notre capacité à être heureux dépend de notre capacité à oublier le passé. Si nous pouvons nous réveiller le matin en oubliant les hivers que nous avons vécus auparavant, alors notre regard sera neuf et nous pourrons de nouveau nous émerveiller. Est-ce que la neige ne nous angoisse pas parce qu'elle réveille en nous des souvenirs où l'on se revoit coincé sur les routes ? Est-ce que si nous tentons d'effacer de notre mémoire ces moments pénibles et avançons vers l'inconnu, la situation ne sera pas tout autre ?

EXERCICE

Souvenez-vous d'un moment hivernal que vous avez particulièrement mal vécu (il peut s'agir d'un moment où vous avez eu très froid, où vous avez glissé sur une plaque de verglas). Décrivez en détail ce moment sur un bout de papier, puis déchirez-le, comme pour chasser ce souvenir de votre esprit et repartir sur de nouvelles bases.

....

....

....

....

....

....

....

....

Clé numéro 3 : Vivre l'hiver avec légèreté

Les enfants n'ont pas de problèmes et n'en voient nulle part. Ce n'est pas le froid qui va les empêcher de jouer dehors, ni même la neige, bien au contraire. Alors vivez cette saison avec une perception très simple, ce qui vous aidera à relativiser et à vivre l'instant présent.

Clé numéro 4 : Partir pour une marche enchanteresse

Offrez-vous une petite balade à l'extérieur et portez attention au moment présent. Essayez d'être conscient des différences qu'il y a entre l'été et l'hiver par exemple. Quelles sont les pensées qui vous viennent, les émotions, les sensations physiques ? Portez attention à la sonorité, aux bruits, aux odeurs... L'enfant est en constante exploration.

EXERCICE

Notez tout ce que vous avez pu ressentir ici et posez-vous cette question à chaque fois : était-ce vraiment désagréable ?

....

....

....

....

....

....

....

....

....

....

....

....

Clé numéro 5 : Être curieux

Pour un enfant, tout est une « première fois » en hiver : première balade en forêt entre les arbres dénudés, première observation de la neige, etc. Résultat, il garde une capacité d'émerveillement devant des manifestations qui sont pour nous devenues banales, voire inexistantes. Tout comme un enfant aime que ses parents lui racontent parfois la même histoire, il continue à découvrir quantité de nouvelles choses à travers les images, le texte du livre et vos échanges.

Il faut donc cultiver votre curiosité en essayant de renouer avec les questions que vous vous posiez quand vous étiez enfant, mais aussi (et surtout !) avec le bonheur que la nouveauté vous procurait. Partez du principe que vous ne savez rien et questionnez-vous.

EXERCICE

Faites une liste de toutes les questions que vous vous poseriez en hiver si vous étiez un enfant.

Exemple : pourquoi la neige est-elle blanche ?

La neige est formée de minuscules cristaux de glace à facettes. Ces cristaux s'assemblent par milliers pour former les flocons de neige. Quand la lumière entre dans ces flocons elle est déviée car ces derniers ont la propriété de renvoyer la lumière sans l'absorber, comme un miroir. Mais contrairement à un miroir, qui est lisse, les facettes des cristaux renvoient les couleurs dans toutes les directions, et le mélange de toutes les couleurs donne la couleur blanche.

Objectif 5 : Stimuler la lumière en soi

Travailler son mental

La gratitude : un formidable outil pour sourire à l'hiver !

Il y a des moments où il est plus difficile que d'autres de ressentir de la gratitude. L'entrée dans l'hiver en est généralement un pour beaucoup d'entre nous. C'est bien connu : on voit bien souvent tout en noir durant cette période ! Cette saison marque d'ailleurs le retour des râleurs intempestifs : ces personnes qui pestent sans arrêt contre le froid, la pluie, de la neige..., et qui semblent passer presque quatre mois de l'année dans la souffrance. **Notre cerveau est naturellement orienté vers les aspects négatifs et menaçants du quotidien, il nous pousse à être attentifs à ce qui ne va pas, c'est sa façon à lui d'être en alerte face au danger**. Cela nous rend méfiants et plus pessimistes. Pourtant, vivre heureux durant cette saison dépend pour beaucoup de notre capacité à cultiver ce potentiel de gratitude qui va lui-même développer notre force mentale. C'est l'outil parfait pour contrer ce biais de négativité ! En apprenant à exprimer votre gratitude, vous cessez de vous focaliser sur ce qui ne va pas pour, au contraire, vous concentrer sur toutes les choses positives de votre vie. Oui, vous gagnez en positivité ! Ce n'est pas qu'un exercice d'appréciation, c'est aussi la mise en mouvement dans le corps de toute une chimie qui entretient le bien-être et le bon vivre. Et la raison est simple : **la gratitude diminue l'adrénaline, l'hormone du stress, et augmente**

la sérotonine l'hormone du bien-être ainsi que la dopamine, l'hormone du plaisir. *In fine*, c'est votre moral et votre santé qui se porteront mieux ! Il faut donc apprendre à entraîner notre attention à percevoir les dimensions satisfaisantes.

Mais alors exprimer de la gratitude, c'est quoi exactement ? C'est tout simplement être reconnaissant pour tous les petits bonheurs et les petits plaisirs survenus dans la journée ! Mais justement, encore faut-il être capable d'identifier ces moments de bonheur.

LE SAVIEZ-VOUS ?

Le petit +

Lors de ses études relayées dans son livre *Merci ! comment la gratitude peut vous rendre plus heureux*, Robert Emmons a pu observer une baisse du taux de cortisol (hormone du stress) de 23 % chez les personnes qui pratiquaient régulièrement la gratitude. De plus, il a été démontré que cultiver cet état d'esprit diminuait les risques de maladies et améliorait aussi le fonctionnement immunitaire. Les gens qui pratiquent la gratitude se rétablissent plus vite à la suite d'une maladie et sont globalement en meilleure santé que les autres et plus résistants aux virus !

AU DÉFI

EXERCICE 1 : LE CAHIER DE GRATITUDE

(par Catherine Tardella, psychologue à Lyon)

Chaque jour, notez la date et trois éléments positifs de votre journée. Si vous n'en trouvez pas trois, rien de grave, mais forcez-vous à rester au moins 5 minutes devant votre page à rechercher ces événements, puis notez « RAS ». Le fait de chercher même sans trouver active néanmoins les schémas de votre cerveau orientés vers la recherche de ces moments positifs. Petit à petit, avec de l'entraînement, ils viendront naturellement à vous.

Cela peut-être par exemple : un bon fou rire avec une copine, un compliment de votre supérieur, un achat plaisir pendant la pause déjeuner, un nouveau plat goûté que vous avez adoré.

Il est nécessaire de faire cet exercice tout simple de manière assidue pour espérer changer quelque chose.

Vous l'avez compris, l'objectif est de corriger la tendance naturelle que nous avons tous à remarquer et penser en priorité aux choses négatives qui surviennent pendant l'hiver, et au contraire de développer notre capacité à percevoir les choses positives ! **C'est une forme d'autosuggestion positive efficace qui va entraîner votre cerveau à se focaliser sur ce qui vous rend heureux.**

JOURNAL DE

GRATITUDE

Aujourd'hui, j'éprouve de la gratitude :

- ☑ ....
- ☑ ....
- ☑ ....
- ☑ ....
- ☑ ....
- ☑ ....
- ☑ ....

Exercice 2 : Le bocal de la gratitude

Lorsque vous éprouvez un profond sentiment de reconnaissance pour ce que vous avez vécu, expérimenté, ressenti, etc., décrivez rapidement la situation sur un bout de papier et mettez ce dernier dans un bocal.

À la fin du mois, ouvrez le bocal et lisez tous vos petits papiers pour faire monter l'énergie positive en vous et vous rendre compte du chemin parcouru.

N'oubliez pas que votre cerveau a plutôt tendance à se souvenir de ce qui ne va pas que de ce qui vous a rendu heureux.

Exercice 3 : Un acte de gentillesse

Faire une « petite » bonne action, inaperçue chaque jour peut aider à stimuler la tendance naturelle à être reconnaissant et à chercher le bien dans la plupart des situations. Le fait de dire merci, sourire, faire un câlin, aider une personne à accomplir une action, maintenir un contact visuel sympathique sont aussi des expressions de la gratitude. Ces gestes aident à construire une expérience intérieure d'émotions positives.

Exercice 4 : Remercier le froid, la neige...

Avez-vous déjà entendu la phrase du président John Fitzgerald Kennedy : *« Ne vous demandez pas ce que votre pays peut faire pour vous, demandez-vous ce que vous pouvez faire pour votre pays »* ? Il est temps d'appliquer cette phrase qui vous aidera à mieux vivre cette saison. « Ne vous demandez pas ce que l'hiver vous empêche de vivre, mais demandez-vous ce que cette saison vous permet de vivre. »

Alors, qu'est-ce que l'hiver vous permet de vivre ? En quoi ressentez-vous de la gratitude pour cette saison ?

EXERCICE

Le beau souvenir

Écrivez ici un beau souvenir que vous avez vécu en hiver en utilisant uniquement des mots positifs.

MON EXPÉRIENCE

Je me souviens de cet homme que j'ai croisé un beau jour de février où le mercure affichait 17 °C à Paris. Il m'avait reconnue et m'avait interpellée en me disant : *« 17 °C un 17 février, c'est effrayant n'est-ce pas ? je n'aime pas beaucoup l'hiver mais c'est quand même très angoissant. » « Angoissant pourquoi monsieur ? Si vous n'aimez pas l'hiver, qu'est-ce qui vous gêne exactement ? »* lui avais-je demandé. *« Non, mais se dire qu'on ne connaîtra peut-être plus d'hiver, c'est bien triste. »* J'étais bien d'accord avec lui. Nous voilà face à nos contradictions, nous aimons peu l'hiver pourtant nous nous en inquiétons quand il n'arrive pas ou que les phénomènes météo ne sont pas jugés « normaux pour la saison ». Ce réchauffement climatique dont on entend beaucoup parler et dont je parle désormais souvent sur les plateaux télé m'apprend d'autant plus à ressentir de la gratitude quand je vois la neige tomber ou le froid s'installer. C'est comme si je disais à l'hiver « merci d'être encore là ».

Notre cerveau ne fait pas de différence entre sensations réelles et imaginées.

Maîtriser le pouvoir de la visualisation positive

« Les exercices de visualisations positives ont pour but de stimuler, grâce à la seule force de notre esprit, la production de sérotonine, l'une des substances chimiques de la bonne humeur », explique Catherine Tardella, psychologue. Cet exercice de l'esprit est d'ailleurs reconnu comme particulièrement efficace car notre cerveau ne fait pas de différence entre sensations réelles et imaginées (il a été démontré que c'est la même partie du cerveau qui est sollicitée quand vous faites une action ou quand vous vous imaginez la faire). *« Le cerveau s'active de la même manière ; avec un peu de pratique, il produit les mêmes neurotransmetteurs que si nous nous placions réellement dans un environnement ressourçant »*, poursuit-elle.

Prenons un exemple. Imaginez-vous en train de sortir un gâteau au chocolat du four, d'en couper une part et d'ensuite croquer dedans. Enfin, prenez conscience qu'en même temps que vous expérimentez ces sensations, vous avez le goût du chocolat dans la bouche... Pourtant, rien n'est réel !

Ainsi, en décidant de nous poser, d'orienter nos pensées sur ce qui nous est agréable, ressourçant, nous activons mine de rien, l'extraordinaire potentiel de notre pensée qui agit sur le corps. C'est d'ailleurs ce que l'on appelle l'effet placebo et qui est pris en compte dans les tests pharmaceutiques. **Il est donc là le secret : imaginez que vous vivez une scène en plein été alors que c'est l'hiver.**

Pour que ces exercices bien-être soient efficaces, l'idée est de prendre au moins 5 minutes, 10 si possible, pour les faire. Et si possible, faites-les plusieurs fois par semaine. La sensation de sérénité viendra petit à petit, de plus en plus vite, en convoquant simplement les images.

AU DÉFI

AVANT L'HIVER – SE PRÉPARER

Si l'hiver est une période qui vous stresse, la visualisation positive peut vous aider à vous y préparer et vivre ce moment de manière plus agréable.

...

...

Cet exercice peut être effectué pendant l'automne ou au début de l'hiver. Imaginez-vous en train de vivre une situation courante à cette période comme marcher dans le froid pour vous rendre au travail, ou en train de dégivrer votre voiture.

Représentez-vous tous les éléments de cette action : le lieu, l'attitude souhaitée, les détails précis de chaque élément, les étapes telles qu'elles doivent se dérouler ainsi que vous-même en train de surmonter les difficultés.

Répété de manière intensive, cet exercice améliore en fait la qualité des forces mises en jeu. En adoptant cette méthode, vous deviendrez comme ces athlètes olympiques concentrés mentalement sur la performance à accomplir, pour donner ensuite le meilleur d'eux-mêmes.

Pendant l'hiver – remplacer les pensées stressantes

Visualisation 1

(proposée par Catherine Tardella, psychologue)

1. Fermez les yeux.
2. Comptez jusqu'à 10 au rythme de vos respirations.
3. Laissez venir à vous un endroit dans lequel vous vous sentez bien.
4. Prenez quelques instants pour observer ce qui se trouve autour de vous. Est-ce un lieu en intérieur ? Êtes-vous en extérieur ? Quelles sont les couleurs les plus marquantes dans cet espace ? Quels objets, plantes, bâtiments voyez-vous ? Pouvez-vous voir le ciel ? Comment êtes-vous habillé ? Avez-vous un plaid sur vous ? Des vêtements chauds ? Pouvez-vous les sentir sur votre peau ?
5. Concentrez-vous maintenant sur les bruits qui vous entourent. Entendez-vous le silence ? Ou bien y a-t-il de petits sons doux ? Intermittents ou continus ?
6. Restez quelques instants à entendre ce qu'il se passe dans cet endroit où vous vous sentez détendu et serein.

7. À présent, recherchez les odeurs de cet endroit. Pouvez-vous sentir le bois qui brûle dans une cheminée ? Ou bien de l'encens ou une bougie allumée quelque part ? Quels sont les mots qui traduiraient les odeurs que vous sentez ici ?
8. Restez concentré sur cet endroit tranquille et serein, et observez ce qu'il se passe dans votre corps : quelles régions sont plus détendues que les autres ? Une chaleur ou un picotement sont-ils présents ? Comment se sent-il ?
9. Lentement, reprenez une dizaine de respirations en laissant votre corps décider du rythme et rouvrez les yeux.

Comment vous sentez-vous à présent ?

Visualisation 2

Vous êtes démoralisé ? Le temps vous met de mauvaise humeur ? Prenez quelques instants pour noter deux qualités dont vous auriez besoin pour être de bonne humeur aujourd'hui. Vous faudrait-il du courage ? Plus de volonté ? De dynamisme ? Peut-être plus d'empathie pour un ami ? Éventuellement, de la douceur ou de la créativité ? Peu importe, relevez-en simplement deux qui vous feraient du bien.

1. Rappelez-vous un moment de votre vie où vous avez manifesté cette qualité. Quel que soit ce moment. Même s'il n'a rien à voir avec ce qui vous pose problème ou vous démoralise aujourd'hui. Prenez le temps de retrouver ce moment, qui peut être récent ou ancien.
2. Fermez les yeux. Laissez venir devant vos yeux fermés l'image de cette situation. Comme si vous regardiez une photo de ce moment-là. Prenez le temps de détailler pour vous-même ce que vous voyez : quelles sont les couleurs, les formes, les objets ou les personnes présentes ?
3. Focalisez-vous sur les sensations physiques que vous ressentez en regardant cette image. Y a-t-il une chaleur dans votre corps ?

...

...

Une sensation de légèreté ? Un sourire sur vos lèvres ? Prenez le temps d'identifier assez clairement la sensation corporelle générée par cette image et ce souvenir.

4. Concentrez-vous maintenant sur l'émotion que vous avez en ce moment, en regardant cette photo de votre souvenir. Sentez-vous de la fierté ? De la joie ? Trouvez le mot qui la décrit le plus justement possible. Et s'il y en a plusieurs, précisez-les une par une pour vous-même.
5. Revenez à la photo. Est-elle exactement la même qu'au début ? A-t-elle changé ? Bougé ? Prenez le temps de détailler les éventuels changements. Une fois que l'image est fixe, prenez 10 respirations, toujours les yeux fermés. Pendant ce temps, concentrez-vous à la fois sur l'image, sur les sensations physiques et sur vos émotions.

Recommencez l'exercice avec la deuxième qualité.

Le pouvoir de l'affirmation positive

Chaque phrase que l'on formule contient un message puissant qui influence notre façon de penser. Quand votre maman vous disait tous les matins « Tu es belle/beau et tu vas y arriver », sa petite phrase vous donnait des ailes et soudain tout était possible. Oui, nos pensées deviennent un outil puissant dans le processus de création de notre réalité.

L'affirmation positive consiste donc en une parole contenant un message puissant, destiné à soi-même, **qui entrera dans notre subconscient, façonnera notre esprit et notre mental et nous permettra de réaliser quelque chose qui nous semblait alors hors d'atteinte.**

Voici les règles à respecter pour que les affirmations positives soient efficaces :

* **formuler les phrases courtes et précises,** avec un verbe au temps présent, et commencer par « j'ai » ou « je suis » ;

- **affirmer des phrases qui impactent émotionnellement le cerveau :** les paroles doivent être exprimées avec une foi inébranlable ;
- **exclure les mots et les phrases négatifs ou formulés en négation ;**
- **répéter les affirmations à deux moments de la journée :** le matin pour donner au cerveau l'orientation de la journée et le soir pour que les répétitions d'affirmations fassent leur chemin durant la nuit, et vous permettent de vous réveiller avec une note positive.

Exemples d'affirmations positives pour notre bien-être en hiver :

- Chaque jour d'hiver, j'essaie d'être la meilleure version de moi-même.
- Je vais encore vivre une formidable journée d'hiver.
- J'ai le plaisir et la joie de vivre une autre merveilleuse journée d'hiver.
- Je suis heureux et en pleine forme.
- J'ai une hygiène de vie équilibrée et je prends soin de moi.
- Je mérite d'être heureux.

LE SAVIEZ-VOUS ?

La petite astuce

Savez-vous quelle est la force d'un refrain dans une chanson ? Ce couplet est répété et martèle une idée forte qui va s'incruster dans votre tête et dont vous aurez du mal à vous défaire. Chantonner une affirmation positive est aussi une excellente idée pour se raconter une histoire positive qui va droit dans l'inconscient.

AU DÉFI

Écrivez vos affirmations positives.

....

....

....

....

....

....

....

....

....

....

S'adapter

Positiver en sublimant son univers

L'hiver est une saison où nous passons plus de temps au chaud, à l'intérieur, il est donc important de s'accorder un « relooking » saisonnier, de se créer un environnement positif, un cocon chaleureux « anti-coup de mou » dans lequel vous vous sentez bien.

L'idée n'est pas de changer toute la déco de votre maison mais de modifier certaines pièces pour vous permettre ressourcer à tout moment de la journée. Par exemple, installez des gros coussins dans lesquels vous pourrez vous installer pour bouquiner ou même prendre un thé. Allumez des bougies, mettez des lumières de différentes couleurs et tous les objets que vous aimez et qui peuvent vous rendre positif.

* La musique pour rester positif

C'est prouvé, écouter de la musique (entendez par là de la musique qui vous procure des émotions, du plaisir, des frissons, de la joie) est bénéfique et améliore votre moral de manière immédiate et significative. Des chercheurs[7] canadiens ont découvert qu'écouter de la musique augmente de 6 à 9 % le niveau de dopamine dans le cerveau. Je vous invite donc à créer votre playlist sans plus attendre, que l'on appellera par exemple la *playlist* « Bon pour le moral ». L'objectif sera d'écouter ces chansons régulièrement pour vous aider à vous sentir bien !

EXERCICE

Créer votre playlist positive.

* ....
* ....
* ....
* ....
* ....
* ....
* ....
* ....
* ....
* ....
* ....
* ....
* ....
* ....

Se fixer des défis et des objectifs

C'est un des piliers du bonheur ! La saison hivernale est excellente pour se lancer de nouveaux défis. Des défis tout simples comme acquérir de nouvelles compétences : Vous rêvez d'apprendre à tricoter ? De parler une nouvelle langue ? De devenir un vrai petit chef cuisinier ? Profitez-en et lancez-vous sans plus attendre. Il existe une foule de cours en ligne gratuits et de tutos vidéo sur Internet. C'est prouvé : apprendre quelque chose de nouveau stimule le mental et la sécrétion de dopamine, hormone du plaisir et de la motivation. Cela permet aussi de dévier son attention de toutes les sources de stress que peut provoquer l'hiver.

AU DÉFI

Exercice

Chaque matin, notez sur un bout de papier ce que vous avez l'intention d'accomplir pendant la journée. Gardez cette liste à portée de main et rayez ce que vous venez de faire pour stimuler le sentiment de satisfaction.

Pour demain, faites votre liste :

* ....
* ....
* ....
* ....
* ....
* ....
* ....
* ....
* ....

Et puis il faut aussi s'en fixer à plus long terme ; le but est d'avoir une vision, un but à atteindre. Quels sont ceux pour cette nouvelle année ?

* ....
* ....
* ....
* ....
* ....
* ....
* ....
* ....
* ....
* ....
* ....
* ....
* ....
* ....
* ....
* ....
* ....

Cultiver ses rêves

Pris dans la course du quotidien, rares sont les moments où nous nous posons vraiment avec nous-mêmes pour réfléchir à ce que l'on veut vraiment. Ainsi, profitez de cette période calme durant laquelle vous êtes moins sollicité pour les sorties en tous genres, pour envisager les **actions que vous pourriez mettre en place pour vous rapprocher un peu plus de vos rêves dans l'année à venir.** Profitez de ce temps pour renforcer pas à pas les talents et ressources internes que vous voudriez développer. De plus, cette réflexion ayant un objectif réjouissant, elle participe grandement au maintien d'une humeur solide.

EXERCICE

CRÉER UNE LISTE DE VOS ENVIES

Notez des défis professionnels ou personnels, tout ce qui vous passe par la tête : quelle satisfaction de rayer chaque ligne et de voir que tout a été accompli !

* ....
* ....
* ....
* ....
* ....
* ....
* ....
* ....
* ....
* ....
* ....
* ....
* ....

LE SAVIEZ-VOUS ?

Sortir de sa zone de confort

Saviez-vous que l'excitation liée à la nouveauté fait grimper le niveau de dopamine dans le cerveau ? Alors partez à la découverte d'un nouveau lieu, restaurant, paysage, livre… N'hésitez pas à prendre des risques et à libérer votre curiosité et votre plein potentiel.

Les bienfaits de la réactivation comportementale

Validée scientifiquement, elle a pour but de remplacer les idées négatives et comportements inadaptés par des pensées et des réactions en adéquation avec la réalité. Marie-Pier Lavoie est psychologue à Québec, spécialiste en dépression saisonnière. Pour elle, la « réactivation comportementale » est une méthode reconnue en psychologie cognitivo-comportementale qui peut avoir des effets bénéfiques pour contrer le blues et le stress de l'hiver. *« Il est en effet reconnu qu'effectuer des activités plaisantes, selon nos intérêts, aurait un impact sur notre humeur. En effet, le fait d'augmenter la fréquence des activités plaisantes à notre horaire serait associé à un état de contentement et de satisfaction. À l'inverse, le fait d'effectuer moins d'activités plaisantes serait plutôt en lien avec une humeur dépressive »*, m'a-t-elle expliqué.

Ce niveau d'activité varie souvent selon différents cycles propres à chacun, dont les saisons. Il est bon de prendre le temps de se questionner sur le niveau d'activité que vous avez en fonction de la période de l'année. Pour beaucoup, durant le printemps ou l'été, il est souvent plus facile de s'investir dans des activités extérieures et sociales, ce qui hausse leur niveau d'activité. Par contre, à l'automne ou à l'hiver, avec l'arrivée des temps plus froids et la diminution de la luminosité, certaines personnes ressentent plutôt le besoin de s'enfermer et ont ainsi un plus faible nombre d'activités qui plaisent. Ces comportements casaniers peuvent également avoir un impact sur la motivation générale et ainsi entretenir un cycle d'apathie.

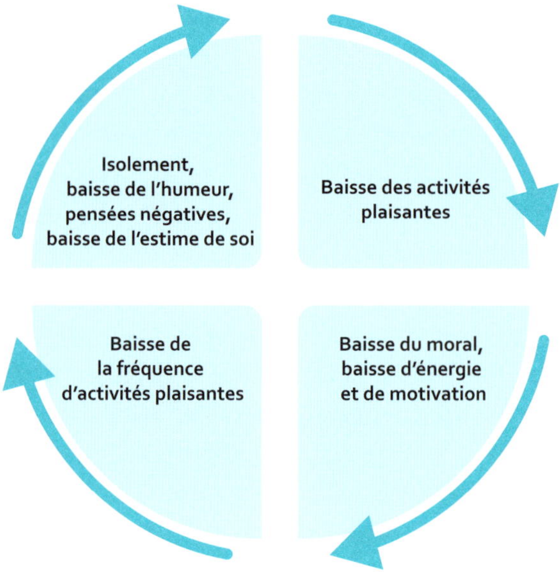

Afin de contrer ce cycle négatif d'apathie, il est possible d'intervenir au niveau de la fréquence des activités plaisantes, **ce qui aura pour effet d'améliorer graduellement l'humeur, l'énergie et la pensée positive. Il faut développer la force de notre volonté !**

Voici quelques types d'activités agréables.

* **Activités sociales positives :** interactions positives avec la famille, les amis, les collègues de travail…
* **Activités de compétences :** faire des choses qui vous font sentir compétent ou qui développent vos habiletés…
* **Activités physiques et exercices :** Pratiquer un sport ou faire des exercices d'étirement régulièrement.
* **Activités pour se recentrer sur soi :** Pratiquer la pleine conscience, effectuer de la méditation 10 minutes par jour (plusieurs applications sont disponibles), faire de la visualisation positive, etc.

EXERCICE

Dressez une liste des activités agréables ou de choses que vous aimez faire.

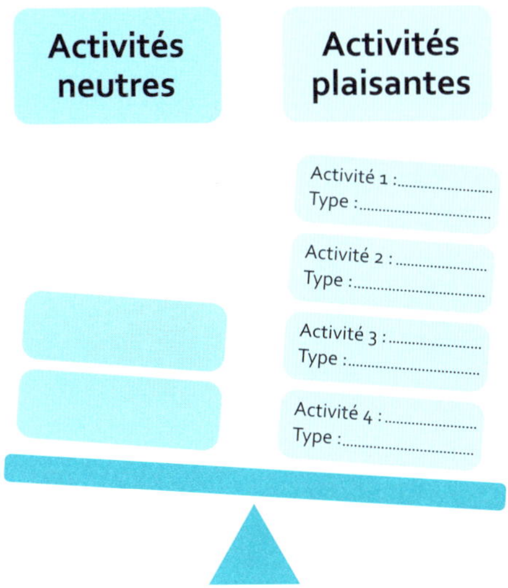

Afin d'établir un équilibre entre les activités plaisantes et les activités « neutres » ou déplaisantes (tâches ménagères, obligations, travail, etc.), il est important de planifier votre emploi du temps.

Quelques conseils…

* Prévoir des blocs de temps pour effectuer les activités « neutres » ou déplaisantes.
* Effectuer une liste de toutes les activités ainsi que leur niveau de priorité.
* Planifier à l'avance, idéalement la veille, les activités plaisantes.

* Éviter les fausses excuses et ne pas reporte les activités plaisantes.

Pratiquer la dislocation saisonnière

Ce sont des activités effectuées pendant une autre saison que celle que nous vivons et qui nous procure du plaisir. Par exemple, voir un film de Noël en plein milieu de l'été. Si on aime une saison, rien ne nous empêche d'essayer de ressentir les émotions qui y sont liées le plus souvent possible.

EXERCICE

Qu'aimez-vous en été ?	Comment l'appliquer à l'hiver ?
Exemple	
La chaleur sur mon corps.	Allez au sauna une fois par semaine.

Garder une vie sociale active

L'objectif ? Garder, comme en été, une vie sociale active, car c'est bien ce que nous apprécions en été : pouvoir retrouver nos amis en terrasse, profiter des longues journées pour faire du sport en plein air à plusieurs, le soleil et la chaleur nous donnent envie de tout sauf de rester enfermé. Pour augmenter la production de l'hormone de la bonne humeur, on n'hésite donc pas, en hiver, à provoquer les rencontres et à entretenir les liens d'amitié ou même familiaux. C'est à un point tel que, d'après Michel Lejoyeux, il suffirait de consulter son répertoire téléphonique pour **relancer son taux d'ocytocine, hormone de l'attachement et de la sécurité intérieure.** Et le saviez-vous ? Les câlins sont une arme redoutable contre le stress et la déprime. Ils permettent aussi à l'organisme de produire endorphines, ocytocine et dopamine en grande quantité.

> Des chercheurs de l'université de Toronto ont démontré que le manque de contacts sociaux en hiver pouvait nous donner encore plus froid. Dans cette étude, les participants ont été divisés en deux groupes et on leur a demandé de penser à des situations où ils s'étaient sentis inclus ou exclus. Dans les deux situations, ils devaient en même temps évaluer la température de la pièce. Résultat ? Les participants ayant imaginé des situations d'exclusion ont donné des estimations plus basses et ont exprimé un désir plus fort de boissons chaudes.
>
> https://pubmed.ncbi.nlm.nih.gov/22717422/

Inspirez-vous des Danois qui ont adopté la philosophie *hygge*. Cet état d'esprit les encourage à se réunir dans une ambiance chaleureuse pour partager un bon moment ensemble. Ils hibernent à plusieurs et chez eux ! Cela ne réchauffe pas vraiment la maison, mais donne une sensation de confort et de chaleur.

Comment faire ? Invitez vos amis à la maison pour partager un plat réconfortant ou pour une séance de « *comfort movie* ». Une journée *hygge* : rester au chaud, sous la couette, et entendre la pluie tomber dehors, prendre un long bain, faire des jeux de cartes ou de société, lire un bon bouquin, un magazine… Prendre le temps de faire les choses par vous-même, une recette jamais testée, une bougie DIY, entretenir ses plantes vertes La magie du *hygge*, c'est son accessibilité et sa simplicité. Lâchez votre téléphone, et faites plutôt brûler des bougies parfumées. Les Danois en sont d'ailleurs les plus grands consommateurs au monde avec 6 kilos de cire par habitant et par an. Et ils sont nombreux à s'éclairer uniquement à la bougie chez eux.

Si vous n'êtes pas très casanier

Fréquentez expos, salles de concert… entre amis.

Prendre des vacances

On aime l'été parce qu'il sonne comme la saison des vacances, alors pourquoi ne pas en prendre aussi en hiver ?

EXERCICE

Cet espace d'écriture est fait pour noter tous les lieux que vous aimeriez découvrir, les activités que vous aimeriez faire….

Se protéger avec une bonne alimentation

Mettre du soleil dans son assiette

Qui dit moins de lumière dit moins de vitamine D. Or cette vitamine naturellement produite par la peau quand elle est exposée aux rayons du soleil est très importante car elle joue un rôle capital dans la fabrication des molécules de sérotonine, une hormone essentielle à la régulation de l'humeur. En hiver, elle nous aide aussi à activer nos défenses immunitaires car les cellules de l'immunité qui sont chargées de tuer les bactéries et les virus (les lymphocytes T) doivent d'abord trouver de la vitamine D circulante, la fixer sur un récepteur pour lancer leur processus de défense. En résumé, la vitamine D permet l'activation du système immunitaire de défense. Alors si le soleil vient à manquer dans le ciel, mettez-en dans votre assiette !

« La vitamine D est une vitamine liposoluble, c'est-à-dire qu'elle se mélange aux graisses. C'est pourquoi on peut la retrouver dans certains aliments plutôt gras comme l'huile de foie de morue, les poissons dits "gras" comme le saumon, le hareng, le maquereau, les sardines mais aussi les huîtres, le jaune d'œuf, le foie de bœuf et également dans le beurre, les fromages à pâte dure et dans le lait, en moindre quantité », nous informe Sabine Rousseau, diététicienne-nutritionniste.

MON EXPÉRIENCE

Composez une belle assiette de riz complet mélangé avec des lentilles (vertes ou corail), quelques morceaux de noix de cajou et un poisson gras comme du saumon. Ainsi, vous ferez le plein de tryptophane, de glucides, de vitamine D et d'oméga-3. De plus, cette combinaison fournira à votre organisme une grande partie des cofacteurs nécessaires à la production de sérotonine.

...

…
En dessert, misez sur un gros carré de chocolat pour un apport supplémentaire en fer, en glucide et en tryptophane. Terminez par une orange afin de faire le plein de vitamine C !

AU DÉFI

Quelle est votre recette spéciale bonne humeur ?

Une aide efficace : une lampe de luminothérapie

C'est un peu le conseil numéro 1 que l'on entend constamment en hiver : faire de la luminothérapie ! Avant toute chose, il est important de préciser qu'il s'agit d'un traitement médical (et psychiatrique) qui a fait ses preuves pour combattre la dépression saisonnière. Comme vu précédemment, la lumière régule, entre autres, notre humeur par la sécrétion de sérotonine, l'hormone du bonheur et de mélatonine, responsable des cycles éveil-sommeil et renforce nos défenses immunitaires ! Une séance s'effectue en général en prenant rendez-vous chez un thérapeute spécialisé, médecin du sport, naturopathe. Mais il est aussi possible, si vous ressentez une fatigue chronique, des baisses de l'humeur, un stress passager, etc. pendant cette saison, d'en faire à domicile en vous procurant une lampe disponible dans le commerce. La luminothérapie consiste à s'exposer quotidiennement à une lumière artificielle blanche, dite « à large spectre » qui aurait des qualités très proches de celles du soleil. Celle-ci va ainsi stimuler la production d'hormones de l'éveil, de la bonne humeur et bloquer celle du sommeil (la mélatonine).

Dans les rayons des magasins, il existe des lampes de différentes marques, de différentes formes. Le premier réflexe à avoir : repérer le marquage CE médical, qui vous assure de la conformité du produit aux normes européennes. Assurez-vous ensuite que l'appareil n'émet pas de rayons UV et que l'intensité de la lumière atteint environ 10 000 lux (ou 2 500 lux dans les cas des lampes DEL). L'intensité lumineuse doit être supérieure à 2 000 lux pour agir efficacement. À titre de comparaison, la luminosité d'un bureau bien éclairé est de 300 à 500 lux et celle d'une journée pleinement ensoleillée peut dépasser 100 000 lux. Il faut respecter la « règle des 30 » : s'exposer à 30 cm de la lampe, à la hauteur des yeux, durant 30 minutes chaque jour, de préférence le matin étant donné que la lumière permet au cerveau par l'intermédiaire de nos yeux de sécréter l'hormone de réveil, ce qui permet d'être pertinent par rapport à la synchronisation entre votre horloge biologique et le jour. Au début, vous aurez sans doute un peu de mal, la lumière blanche est assez agressive Il est donc préférable de se procurer une lampe avec un variateur pour pouvoir en régler l'intensité. Pas besoin de garder le regard fixé sur la lampe en comptant les minutes. Pendant une séance, rien n'empêche de poursuivre ses activités normales : prendre son petit-déjeuner, lire bon livre... en s'assurant que son visage reste baigné par la lumière.

MON EXPÉRIENCE

J'ai sauté le pas et me suis procuré une lampe de luminothérapie en décembre 2019. Depuis, je prends quotidiennement ma dose de ces précieux lux en même temps je prends mon petit-déjeuner ou lorsque je travaille, ma lampe voyageant entre mon bureau et ma cuisine. Et je dois dire que l'efficacité a été très rapide pour moi : au bout de 5 jours, j'ai remarqué que je me sentais plus en forme, plus reposée et que j'étais de bien meilleure humeur. N'ayant rien changé d'autre à ma routine, j'ai attribué ce regain d'énergie à la luminothérapie. Généralement, il est conseillé de poursuivre le traitement pendant au minimum 7 jours consécutifs. Pour ma part, je le suis tous les jours d'hiver ou presque. Je ne peux plus m'en passer !

La vitamine D, la vitamine de l'hiver !

La vitamine D est une hormone que la peau synthétise sous l'effet des UVB (rayons ultraviolets responsables du bronzage et des coups de soleil), puis le foie et les reins la transforment pour la rendre active dans l'organisme.

De ce fait, en hiver, le manque d'ensoleillement (sous nos latitudes, l'inclinaison de la Terre modifie l'intensité du rayonnement solaire), ou encore la pollution sont un frein à sa production, tout comme le surpoids et l'obésité.

Cette vitamine est pourtant très importante car elle intervient dans tous les grands systèmes de l'organisme (immunité, hormones, minéralisation des os, des dents), et joue un rôle déterminant dans l'amélioration des fonctions cognitives. Notamment dans la sécrétion de la sérotonine qui est, rappelez-vous, responsable de la régulation de l'humeur.

Par ailleurs, une étude intéressante réalisée par des chercheurs espagnols de l'université polytechnique de Valence [8] a évalué la durée idéale d'exposition au soleil, mois par mois, pour une personne avec une peau relativement claire, moyennement sujette aux coups de soleil et qui bronze uniformément.

Et évidemment, elle est bien différente selon les saisons : en hiver, le rayonnement UV est bien plus faible et on a aussi tendance, bien naturellement, à empiler les couches de vêtements, une surface de peau beaucoup moins importante est donc exposée à la lumière naturelle.

L'étude met ainsi en évidence qu'en été et au printemps, il faudrait seulement 10 à 20 minutes d'exposition au soleil pour une bonne production de vitamine D, mais prudence, le premier coup de soleil surviendrait en moins de 30 minutes d'exposition ! En revanche, en hiver, environ 2 heures par jour sont nécessaires pour synthétiser la même quantité et il serait possible de passer 2 h 30 au soleil sans le moindre risque de coup de soleil. Mais les scientifiques nous mettent tout de même en garde : ces chiffres varient bien entendu en fonction du type de peau, de l'utilisation ou pas d'une protection solaire, de l'heure de la journée, de la morphologie, des zones du corps couvertes par les vêtements, ou encore de l'âge (les seniors produisent moins de vitamine D).

LE SAVIEZ-VOUS ?

Où la trouver en hiver ?

Dans l'alimentation, surtout les poissons gras (saumon, sardines) et les huîtres, mais les apports sont infimes : 100 g de saumon en apportent 8 à 15 microgrammes (µg), selon qu'il est d'élevage ou sauvage, alors que rester 20 minutes au soleil en fait synthétiser jusqu'à 375 µg.

Les spécialistes sont favorables à une supplémentation hivernale mais à des doses raisonnables. Les gouttes permettent d'en prendre un peu tous les jours alors que les ampoules proposent une forte dose de manière plus espacée. La première option est préférable car elle permet de maintenir un taux plus stable de vitamine D dans le sang, alors que de fortes doses espacées d'un trimestre ou d'un mois seront plus rapidement éliminées par l'organisme.

MODE VITALITÉ ACTIVE

Objectif 6 : Mettre en route son chauffage intérieur

Quand le froid s'installe, on apprend à ramener de la chaleur en soi grâce à son mental et sa respiration.

L'hiver nous plonge aussi dans les mois les plus froids de l'année ! Nous nous retrouvons face à cette nature figée que la vie paraît avoir quitée. Comme nous l'avons vu précédemment, la rigueur des températures affecte notre corps, elle peut être la cause de stress et, à terme, nous fragiliser si nous ne savons pas correctement nous en protéger. D'autant plus que la société tout entière met tout en œuvre pour que nous n'ayons plus à lutter contre le froid, avec le chauffage dans les maisons et les manteaux douillets. Je l'ai déjà dit, nous sommes nombreux à avoir traversé l'enfance bercée par les « Couvre-toi, tu vas tomber malade », comme si le froid représentait un risque à ne jamais prendre, nous éloignant de notre ressenti instinctif, comme si nous étions incapables de nous adapter aux variations de température.

Et, vous l'avez désormais compris (petite piqûre de rappel là aussi), **les croyances, la représentation mentale agissent sur notre manière de nous comporter.**

Alors gardez à l'esprit que le froid peut être notre allié si nous le décidons. Pour cela, vous devez reprendre le contrôle de votre corps et de votre esprit !

Pourquoi on n'aime pas le froid ?

L'homme étant un « animal à sang chaud », le froid représente un stress pour lui. Les poumons, le nez et la peau sont les trois organes les plus exposés à l'air ambiant. Ils en subissent donc de plein fouet les agressions. Face au froid, nous l'avons vu, le corps réagit en diminuant le diamètre des vaisseaux sanguins de la peau, limitant ainsi les déperditions de chaleur pour maintenir plus facilement la température du corps à 37 °C. Résultat : il puise de l'énergie, les cellules fonctionnent au ralenti, se déshydratent et la peau peut en venir à se dessécher, la production de sébum, le film protecteur, diminuant.

EXERCICE

Qu'éveille en vous le froid hivernal ? Quelles activités vous comblent quand il fait froid ?

* ....
* ....
* ....
* ....
* ....
* ....
* ....
* ....
* ....

« Une douche froide par jour, et le docteur s'en va pour toujours ! »

Wim Hoff

Travailler sa résistance avec son mental

Connaissez-vous Wim Hoff ? Ce Néerlandais surnommé Iceman (« l'homme de glace ») possède un talent inhabituel. Juste par la force de son esprit et de sa respiration, il peut réguler sa température corporelle et ainsi nager sous la banquise ou encore courir pieds nus dans la neige. Et miracle : ce personnage aussi fou qu'intriguant n'a pas attrapé de rhume, de grippe ou de maladie communément liée au froid depuis plusieurs dizaines d'années. Il a ainsi développé une méthode de santé physique et mentale basée sur trois piliers : l'exposition au froid, la respiration et la concentration. Des techniques et astuces inspirantes qui démontrent que **nous sommes théoriquement tous capables de transcender nos fonctions physiologiques afin d'étendre notre résistance aux variations thermiques.**

Sa méthode est basée sur trois principaux piliers.

L'exposition au froid

Exposer son corps au froid permettrait de générer une cascade de bénéfices pour la santé, incluant notamment la formation de graisse « brune ». Cette dernière, aussi appelée « tissu adipeux brun », est un tissu qui emmagasine les nutriments sous forme de lipides pour ensuite les brûler afin de produire de la chaleur et maintenir la température du corps. Ce tissu aide l'organisme à lutter contre le froid tout en dégradant les nutriments. La graisse brune est retrouvée chez certains mammifères en hibernation – elle leur évite l'hypothermie –, mais aussi chez l'homme. Elle est présente principalement chez le nouveau-né pour maintenir sa température corporelle à un niveau acceptable car il n'a pas encore le réflexe de frissonnement.

Le froid permet également la réduction de l'inflammation ce qui aide les défenses immunitaires, l'amélioration de la qualité du sommeil, et la production d'endorphines – les fameuses hormones du bonheur – qui améliorent aussi l'humeur. Wim Hoff conseille de prendre régulièrement une douche froide après une douche chaude pour habituer son corps aux variations thermiques.

La respiration

La technique de respiration de Wim Hoff permet d'augmenter son niveau d'oxygène dans le corps et ainsi d'avoir plus d'énergie, de réduire les niveaux de stress et d'augmenter la réponse immunitaire du corps pour lutter contre les éléments pathogènes. La technique est un type d'hyperventilation « contrôlée ».

Il s'agit d'inspirer profondément, mais rapidement, de l'oxygène plusieurs fois de suite. La respiration est ensuite retenue en ayant les poumons remplis d'air puis il suffit d'expirer lentement mais doucement. L'inspiration doit être plus longue que l'expiration. Il faut répéter environ cinq fois cette respiration, sur à peu près 20 minutes. Au cours de ce type d'exercice, le corps produit des hormones bénéfiques comme la dopamine et la sérotonine, sans oublier l'adrénaline. Une sensation de bien-être envahit alors inévitablement le corps. Au fil de la pratique, les capacités du corps augmentent et donc les performances croissent.

Le mental

L'exposition au froid et la respiration consciente nécessitent patience et détermination. La méthode repose sur un entraînement progressif avant d'exposer le corps à des conditions extrêmes. Disons qu'il faut un entraînement encadré et une certaine maîtrise de son corps et de son esprit pour se lancer dans un marathon en short (et ceci sans s'être particulièrement entraîné avant la course) en Finlande à - 20 °C ! Si vous êtes intéressé par plus de détails et des outils de formations, de nombreuses vidéos sont disponibles sur le web ainsi que sur son site [9].

* Quel pouvoir a notre respiration ?

Nous l'avons vu, l'être humain possède du tissu adipeux brun, mais aussi du blanc. La graisse blanche est stockée lorsque nous mangeons trop de graisses – cette graisse est responsable du surpoids. Au contraire, la graisse brune est le « bon » tissu adipeux, qui produit de la chaleur. Une respiration maîtrisée et consciente favoriserait la graisse brune présente au niveau du cou, autour des clavicules ou encore le long de la colonne vertébrale, et joue un rôle majeur dans la thermorégulation. Elle brûle en effet rapidement des calories pour produire de la chaleur (activant ainsi la perte de poids !). La respiration en pleine conscience, associée à l'exposition à des températures basses, suffirait ainsi à activer le fonctionnement de ces cellules adipeuses pour nous « réchauffer de l'intérieur ».

AU DÉFI

COMMENT PRENDRE UNE DOUCHE ÉCOSSAISE ?

* Commencez par vous doucher à l'eau chaude.
* Passez lentement à l'eau froide.
* Commencez par le bas de votre jambe droite car c'est le point le plus éloigné du cœur. Remontez doucement puis passez à la jambe gauche.
* Enchaînez ensuite par le dos de la main droite jusqu'à l'épaule, puis des aisselles jusqu'à la paume de main. Puis passez au côté gauche.
* Passez le reste du corps sous l'eau froide.

LE SAVIEZ-VOUS ?

La douche froide améliore l'humeur en hiver

Une étude [10] de la Virginia Commonwealth University School of Medicine démontre que le froid provoque une augmentation des impulsions électriques vers le cerveau, ce qui va apaiser le sentiment de dépression. Pour cela, la douche froide doit être prise une à deux fois par jour, pendant plusieurs semaines et durer environ 2 à 3 minutes.

Le froid peut être notre allié, si nous le décidons.

AU DÉFI

QUELQUES TECHNIQUES À EXPÉRIMENTER POUR MONTER VOTRE CHAUFFAGE INTÉRIEUR GRÂCE À LA FORCE DE VOTRE MENTAL

Des chercheurs de l'université nationale de Singapour ont aussi découvert que des Occidentaux qui maîtrisent des techniques de respiration peuvent réussir à se réchauffer eux-mêmes [11].
En voici quelques unes.

1ère technique

Fermez les yeux et concentrez-vous pour vous plonger dans un état de méditation. Essayez ensuite de ressentir des flammes à la base de votre épine dorsale. Après plusieurs minutes d'exercices, vous allez ressentir comme un effet de chaleur qui parcourt votre corps.

2e technique

Inspirez l'air froid en ouvrant les narines à la façon des naseaux des animaux. Expirez à fond afin d'éliminer les toxines, toujours en ouvrant les narines. Cette façon plus active de respirer permet de régénérer l'oxygène du corps et des cellules, ce qui a pour effet d'augmenter la combustion et donc la chaleur intérieure.

3e technique

Voici une pratique qu'il est idéal de réaliser après une respiration alternée (même de courte durée). J'ai autrefois rencontré un Parisien qui était parti vivre en Alaska et qui m'a fait part de cette technique simple qu'il utilisait pour se réchauffer.
Il suffit d'obturer la narine gauche avec un doigt et d'inspirer et expirer pendant un bon moment et toujours par la narine droite, qui est considérée comme la narine solaire, donc qui réchauffe, qui est vivifiante. Wim Hoff s'est servi de techniques similaires pour escalader le Kilimandjaro en 2009 en portant uniquement un short et des sandales (je vous le déconseille évidemment sans un entraînement adapté).

POUR ALLER PLUS LOIN
Apprendre la méditation toumo

Des études scientifiques ont démontré, en étudiant des moines tibétains pratiquant le « *Tummo* » que **la température corporelle pouvait être contrôlée par le cerveau.** Ainsi, ces derniers réussissent à augmenter la température de leurs orteils de 8°C en pratiquant cette méditation. Le simple fait de se concentrer permettrait donc de réguler

...

...

la température corporelle. Cet enseignement vise à améliorer la résistance au froid par des pratiques de visualisation et de respiration. Elles demandent beaucoup d'entraînement pour réussir à devenir maître de son corps face au froid. Une bien belle technique pour ne plus faire de ce paramètre météo une des raisons pour lesquelles vous détestez peut-être l'hiver !

Le grand spécialiste européen de cette discipline est Maurice Daubard, yogi *toumo* depuis 1956, connu notamment pour être resté en position du lotus pendant 1 h 10, par - 20 °C, dans le cadre d'un exercice scientifique en Laponie. Il avait 77 ans ! Cet Auvergnat, qui aime repousser ses limites, a prouvé plus d'une fois la force du mental sur le corps. *« En maîtrisant sa thermorégulation, on devient maître de sa vie »*, souligne-t-il. Son enseignement d'inspiration tibétaine est rigoureusement encadré.

AU DÉFI

1. Installez-vous confortablement dans une pièce fraîche et fermez les yeux.
2. Inspirez profondément, restez un court moment poumons pleins puis expirez complètement et doucement 5 fois de suite.
3. Passez votre corps en revue de haut en bas en essayant de ressentir les endroits précis où vous avez froid.
4. Envoyez de la chaleur vers les blocages. Imaginez par exemple une bougie se rapprochant de ces parties de votre corps pour les réchauffer. Répétez-vous comme mantra : « Ma jambe (ou partie du corps à laquelle vous pensiez) chauffe, me brûle… »

...

...

5. Recommencez l'exercice plusieurs fois en passant plusieurs endroits de votre corps en revue.

Vous pouvez également tenter un autre exercice ou imaginer votre corps entier sur une plage en plein soleil.

Exercices mentaux à expérimenter

Imaginer qu'il fait encore plus froid

Si vous frissonnez quand il fait 5 °C, imaginez qu'il pourrait faire encore plus froid ! Cette astuce mentale vous aidera à adapter votre point de vue et les températures du moment ne vous sembleront plus aussi mauvaises que cela. En vous rappelant qu'il y a des gens qui vivent dans des lieux aussi froids que l'Antarctique ou la Sibérie, un soir d'hiver français ne vous semblera plus aussi difficile à surmonter.

Essayer de deviner la température

Essayez de ressentir la température exacte de votre environnement. Il y a généralement une grande différence entre ce que l'on ressent et ce qui s'affiche sur le thermomètre : en fait, vous avez rarement aussi froid que vous le pensez. Le but de cet exercice est d'apprendre à ne pas réagir avec excès ! Cela vous permettra de prendre le contrôle de votre réponse de stress inconsciente.

« Il n'y a pas de mauvais temps,
il y a uniquement des mauvais vêtements. »

Pensée suédoise

Se protéger grâce aux vêtements

Pour bien lutter contre le froid, mieux vaut porter plusieurs couches de vêtements : trois exactement. Entre le tricot de corps, le tee-shirt, le petit pull et le gros pull, de l'air se glisse. Or l'air ainsi immobile est un excellent isolant.

Première couche : rester au sec

La première couche a pour objectif d'évacuer la transpiration vers l'extérieur ou vers les autres couches, ainsi votre température corporelle reste stable et vous gardez votre peau au sec. Pendant l'effort, les vêtements respirants sont à privilégier pour ne pas emmagasiner la sueur qui se refroidit quand vous vous arrêtez et ne pas attraper froid (rappelez-vous le corps perd plus de chaleur au contact de l'humidité que de l'air).Il faut donc opter pour un sous-vêtement technique, constitué de fibres synthétiques car en plus de leur bonne respirabilité, les sous-vêtements techniques sèchent très rapidement.

C'est pourquoi, il faut absolument éviter les vêtements en coton. Véritable éponge naturelle, le coton absorbe la transpiration et c'est le coup de froid assuré ! Pour autant, la laine mérinos qui compose entre autres la doublure de certains manteaux fait aussi beaucoup parler d'elle ces dernières années. Cette laine naturellement saine est très fine mais aussi très isolante. Elle est une parfaite régulatrice de température : soit elle garde la chaleur soit elle l'évacue. Et bonne nouvelle : ses fibres sont capables de neutraliser les odeurs de transpiration pendant plusieurs jours. Si vous souhaitez tester, prenez le temps de bien choisir une marque qui traite bien les moutons !

Deuxième couche : rester au chaud

La deuxième couche va s'occuper de l'apport de chaleur, elle doit être isolante. Optez pour une polaire, une fibre qui doit également être dotée d'une bonne respirabilité, pour transférer l'humidité interne vers l'extérieur (ou vers la dernière couche).

Troisième couche : se protéger des éléments

Cette troisième couche affronte directement les éléments extérieurs tels que le vent, la pluie, neige la veste technique vous protège efficacement des intempéries, vous isole de la température extérieure, tout en étant respirante, imperméable et coupe-vent.

Protéger sa peau

C'est elle qui subit les premiers assauts de l'hiver, c'est notre antenne avec la nature, notre organe frontière avec l'environnement. Les frissons sont une réaction naturelle du corps qui cherche à augmenter la température interne face au froid. La peau subit alors une vasoconstriction (voir page 32) au niveau des extrémités (mains, pieds, oreilles, nez), et les frissons se déclenchent. Les intempéries telles que le vent, l'air froid et les écarts de température entre l'intérieur et l'extérieur, le chauffage, etc. agressent l'épiderme et le rendent sec et inconfortable.

Quels actifs cosmétiques et textures à privilégier pendant l'hiver ?

Pour mieux protéger sa peau du froid, il est important de lui donner des lipides pour bien la nourrir. Pour faciliter la réorganisation des cellules et renforcer la peau, il faut privilégier les vitamines C et E et le magnésium comme le conseillent les dermatologues. Côté crème, préférez une texture très nourrissante et plus riche en hiver afin d'apaiser les sensations de tiraillements et d'inconfort. Pour les peaux très sèches, il peut être intéressant de mélanger quelques gouttes d'huile riche en oméga-3, oméga-6 et oméga-9, des acides gras essentiels qui ne sont pas fabriqués par l'organisme, pour renforcer leur bouclier naturel. N'oubliez pas que lèvres sont très sensibles au vent et au froid et il n'est pas recommandé de les humidifier avec votre langue. Une fois la salive évaporée, les lèvres sont encore plus sèches. Pour éviter un trop fort dessèchement, on les réconforte avec un baume protecteur et réparateur.

Se protéger grâce au chauffage

Allumer le chauffage oui, l'allumer trop fort sûrement pas ! L'hiver est aussi une saison propice aux chocs thermiques : on passe d'un extérieur froid à un intérieur surchauffé (voiture, logement). Quand le thermomètre passe brutalement de 2 °C à l'extérieur à 25 °C à l'intérieur, notre système immunitaire en prend un coup ! Comme vu précédemment, le corps humain a besoin de se maintenir à 37 °C et travaille donc à réguler sa température en permanence (transpiration, grelottements...). Mais en se réchauffant ou en se rafraîchissant, notre métabolisme se fatigue, ce qui le rend plus sensible à l'invasion des virus. Il faut donc ajuster votre chauffage correctement pour éviter les différences excessives de température entre l'extérieur et l'intérieur.

L'Ademe (Agence de l'environnement et de la maîtrise de l'énergie) préconise des températures différentes pour chacune des pièces d'une maison ou d'un appartement pour assurer un confort thermique mais aussi éviter une facture énergétique trop salée. Les besoins ne sont pas les mêmes partout. Une température de 19 °C convient aux pièces à vivre comme le salon, la salle à manger ou la cuisine. Pour les chambres, la température idéale se situe entre 16 et 17 °C. Sous la couette, le chauffage n'est pas une obligation et une trop forte chaleur peut nuire à la qualité du sommeil. Prévoyez tout de même 2 °C de plus dans la chambre d'un bébé.

L'entrée, les w.-c. et les dégagements peuvent être chauffés à 17 °C. Pour la salle de bains, traditionnellement la pièce la plus chauffée, une plage de température ambiante allant de 19 à 22 °C offrira le confort nécessaire.

Se protéger grâce à l'alimentation

Des aliments pour renforcer l'immunité

« Il est primordial à cette période de booster ses défenses immunitaires et cela passe, en premier lieu, par une alimentation équilibrée et de saison. La saisonnalité de l'alimentation a toute son importance puisque

les fruits et légumes, consommés de saison, vous font bénéficier de leur plus haute teneur en vitamines et minéraux », explique la nutritionniste et diététicienne Sabine Rousseau.

« 70 % de notre système immunitaire réside dans nos intestins où sont fabriquées des immunoglobulines capables de nous défendre contre les virus de l'hiver : rhumes, gastro-entérites... » confie Marie Muller, également nutritionniste et diététicienne. La prévention hivernale passe donc en premier lieu par un système digestif performant. Pour cette raison, il est conseillé d'aborder la saison par une cure de probiotiques qui permettra de renforcer ce système de défense très important à tout âge de la vie. *« Ces bonnes bactéries permettent de repeupler le microbiote intestinal et, par conséquent, de booster les défenses immunitaires »*, poursuit la spécialiste.

LES ALIMENTS RICHES EN PROBIOTIQUES À CONSOMMER SANS MODÉRATION EN HIVER

Yaourts – Jus lacto-fermenté – Kéfir (boisson lacto-fermentée) – Légumes lacto-fermentés – Choux de choucroute – Miso – Tempeh – Ail, Oignon – Asperges, Poireau, Artichaut, Topinambour, Salsifis – Blé complet, Seigle, Avoine – Pamplemousse, Banane – Chicorée (crue)...

« En complément, une alimentation riche en prébiotiques (artichaut, banane, ail, oignon, poireau) est nécessaire pour le bon développement de ces probiotiques naturels. Les "pré" nourrissent les "pro". Il peut être intéressant de faire une cure de pro- + prébiotiques, une fois par an ou à chaque saison pour les plus fragiles intestinalement parlant », rajoute Sabine Rousseau.

Il est également conseillé de consommer en hiver des aliments riches en vitamine C car elle favorise l'absorption du fer et stimule aussi les défenses immunitaires.

LA VITAMINE C SE RETROUVE DANS LES FRUITS ET LÉGUMES COLORÉS

Fruits exotiques (goyave, mangue, papaye, ananas, kiwi) – Fruits rouges (cassis ++) – Agrumes (orange, pamplemousse rose ou blanc) – Poivron rouge ou vert – Brocolis, Choux.

« Mais attention c'est une vitamine très fragile : elle est sensible à l'oxygène, la chaleur, la lumière et est soluble dans l'eau. Donc on préfère manger ces aliments crus ! » prévient Marie Muller. D'autre part, un manque en vitamine A peut aussi créer une diminution de la résistance aux infections, n'hésitez pas à consommer également des produits laitiers non écrémés et des poissons gras.

Enfin, les aliments riches en zinc participent aussi aux réponses immunitaires et permettent de lutter contre les infections à répétition.

LES ALIMENTS RICHE EN ZINC

Fruits de mer – Poisson – Viande – Foie – Céréales (avoine, germe de blé, levure de bière) – Fruits oléagineux – Légumes secs.

LE SAVIEZ-VOUS ?

Pourquoi la peau devient rouge ?

La température idéale d'une boisson en hiver se situe entre 12 et 14 °C. Ainsi, notre température corporelle reste stable et notre corps ne dépense pas trop d'énergie.

Menu d'hiver spécial défenses immunitaires

(proposé par Marie Muller, nutritionniste et diététicienne)

Petit-déjeuner

* 2 tranches de pain de seigle
* 2 cuillères à café de purée de noix de cajou
* 1 kiwi découpé en rondelles
* 1 tasse de thé vert matcha

Déjeuner

Entrée

* 1/2 pamplemousse

Plat

* Spaghettis au blé complet
* Pavé de saumon grillé
* Fondue de poireau

Dessert

* Yaourt au lait de chèvre
* Poignée d'amande

Goûter

* Tisane
* 1 banane

Dîner

Entrée
* Salade de chou blanc aux graines de sésame

Plat
* Soupe miso
* 2 tranches de pain au son

Dessert
* Fromage blanc et lamelles de mangue

Les bons aliments pour lutter contre le froid

Il est important de garder une alimentation équilibrée pour permettre au corps de mieux se protéger des basses températures, mais aussi de manger suffisamment car la sensation de faim renforce la sensation de froid. *« La digestion accroît la thermogenèse (production de chaleur physiologique) mais cela ne veut pas dire qu'il faut manger sans arrêt pour être en digestion non-stop et ainsi, avoir chaud tout le temps. Non, cela fatiguerait bien trop votre organisme. L'important est de manger les bons aliments, ceux qui vont avoir une digestion plus lente »*, explique Sabine Rousseau.

Par exemple, les protéines (contenues dans les viandes, poissons, œufs) sont plus longues à digérer que les glucides et les lipides, ce qui demande plus d'énergie et crée ainsi plus de chaleur. Veillez à en avoir à chaque repas, en complément des légumes et des féculents, à privilégier semi-complets ou complets. Plus un repas sera riche en fibres, plus la digestion sera lente et plus il produira de chaleur.

D'autre part, les boissons chaudes comme les tisanes, le roïboos, le thé, le chaï latte peuvent nous aider à nous réchauffer. Si un petit creux se déclare en milieu d'après-midi, l'idéal sera une poignée d'oléagineux (noix, noisettes, amandes) accompagnée d'un fruit et d'un produit laitier nature.

* Quatre repas par jour ?

Beaucoup de Québécois qui émigrent dans les régions arctiques ont pris l'habitude d'ajouter un repas aux trois repas habituels quotidiens. Des expériences ont en effet démontré que par temps froid, un plus grand nombre de repas procure des effets positifs sur le maintien d'une température interne stable et d'un métabolisme en bonne santé. Pourquoi ne pas s'en inspirer ? Il faut pour cela répartir sur quatre collations le nombre de calories habituellement consommé en trois repas. Certaines études[12] démontrent aussi que des repas riches en protéines animales sont plus profitables au corps quand il a froid.

Objectif 7 : Optimiser sa force vitale

Bien respirer

Si apprendre à bien respirer peut-être une force pour mieux supporter le froid, elle l'est aussi pour maximiser sa force vitale en hiver. C'est bien connu, en été, grâce au soleil, aux journées plus longues, à la chaleur, nous sommes au maximum de notre vitalité. Mais les jours qui raccourcissent et le passage à l'heure d'hiver font des ravages sur notre précieux sommeil, notre forme... avec, à la clé, fatigue et irritabilité. *« Je constate un pic de consultations qui se superpose à l'entrée dans l'hiver. L'entrée dans cette période plus froide, les jours qui raccourcissent rajoutent une couche à la difficulté à faire face à certains aléas de la vie »*, m'a confié Corinne Vermillard, sophrologue.

Ainsi, *via* certains exercices simples de respiration et de relaxation, **la sophrologie permet de réguler facilement ces petits désordres et même de vivre un hiver en grande forme !** L'esprit a besoin du corps pour se réguler : lorsque nous sommes stressés, nous pouvons aussi bien nous apaiser par le souffle et la détente musculaire que par nos pensées. Mais cela n'est pas spontané, nous devons l'apprendre par des exercices de respiration par exemple, qui vont peu à peu modifier nos câblages cérébraux.

« *Je présente volontiers la sophrologie comme un moyen d'activer ses propres ressources pour faire face avec plus de conscience et de sérénité aux aléas du quotidien, y compris les aléas liés à notre environnement, à la météo, aux saisons* » poursuit-elle. « *La sophrologie nous aide à mieux connaître ces émotions que l'on ressent par exemple en hiver pour pouvoir mieux les gérer, c'est un entraînement du corps et de l'esprit pour développer un mieux-être et se protéger des agressions extérieures* », me confie de son côté, Alexandra Petitjean, sophrologue également. **C'est un outil formidable pour mieux appréhender les événements, autrement dit, l'hiver.**

L'originalité de la discipline, et qui en fait aussi sa force, est que chacun peut adapter les techniques proposées de manière à favoriser la mise en action dans son quotidien en totale autonomie. Le but est de trouver une harmonie entre le corps et la conscience et d'entrer en résonance avec sa météo, son écologie intérieure. « *Il faut ramener de l'équilibre entre le mental et le corps (qui est comme il est, mais qui ressent, perçoit, respire, vit…) le corps comme un véritable et extraordinaire allié, toujours disponible. Nous pensons trop, le mental prend le pouvoir, ramenons de la conscience au niveau du corps qui vit au présent… qui ressent l'instant* », explique aussi Corinne Vermillard.

Volontairement accessibles à tous, les pratiques proposées s'articulent autour de la respiration, de la décontraction musculaire, et de l'entraînement à la visualisation. Ces techniques permettent de leurrer votre cerveau car l'utilisation de l'imagerie mentale fait que votre inconscient reçoit la vision, la construction mentale induite, comme une réalité. Pour votre cerveau, vous avez réellement vécu cette expérience. Aussi, plus vous allez vous entraîner à la vivre, plus il la considérera comme réelle et l'acceptera. C'est là un des premiers principes liés à cette technique : l'apprentissage par la répétition.

AU DÉFI

Le bain de soleil / le bain de lumière

(proposé par Corinne Vermillard)

Autorisez-vous ce moment pour utiliser le pouvoir de votre imagination, de votre belle capacité « d'évocation sensorielle ». Décidez de faire une courte pratique de quelques minutes en pleine conscience, en pleine présence. Vous pouvez lire cet exercice, l'enregistrer dans votre téléphone et vous passer ensuite l'enregistrement pour pouvoir l'exécuter.

Vous décidez de vous poser dans la posture qui vous convient, la plus confortable possible.

Les yeux fermés, vous laissez votre corps s'installer avec l'intention de prendre un agréable moment de douceur, de chaleur, de lumière.

Vous accueillez les sensations du corps, de la tête jusqu'au bout des doigts, des orteils. Les sensations du corps que vous laissez se poser quelques instants comme pour profiter d'un doux et bon rayon de soleil. La respiration se fait naturellement, vous la laissez faire.

Vous décidez à présent d'incliner la tête naturellement vers un rayon de soleil... Vous l'imaginez... Vous vous aidez en visualisant un lieu que

vous appréciez, ou simplement l'endroit où vous vous trouvez, avec un rayon de soleil, comme vous l'aimez. La bonne luminosité, la chaleur, la douceur idéale, tout est possible...
Vous laissez ce rayon de soleil se poser agréablement sur votre peau jusqu'à le ressentir vraiment...
Vous vous imaginez dehors ou derrière une vitre, vous décidez de « prendre délicieusement le soleil » et d'en percevoir toutes les sensations agréables...
Volontairement, sur quelques respirations ordinaires, inspirez en conscience toutes les sensations agréables qui vous parviennent Sur chaque expiration, vous prenez tout le temps pour diffuser ces sensations agréables de la tête jusqu'au bout des doigts, jusqu'au bout des orteils...
À chaque expiration, vous savourez ces sensations.

Un voyage au cœur de l'hiver

(proposé par Alexandra Petitjean)

Installez-vous confortablement. Et tout doucement, très lentement, fermez vos yeux et laissez-vous aller à la détente au rythme de votre respiration calme et tranquille...
Votre respiration est douce et vous vous laissez aller dans cette posture. Laissez la détente s'installer dans votre visage, vos épaules, vos bras, au rythme de votre respiration tranquille. Laissez cette détente poursuivre son chemin dans votre thorax, votre dos, votre abdomen. Tous vos muscles se relâchent progressivement dans vos cuisses jusqu'au bout de vos pieds...
C'est l'ensemble de votre corps qui est parfaitement détendu maintenant...
Peut-être ressentez-vous un fourmillement ou une douce chaleur, agréable sensation de relâchement musculaire.

...

...

Pour activer cette présence et cette détente de votre corps, inspirez, retenez l'air, tension douce et agréable de tout votre corps, expiration. Pour relâcher un peu plus votre corps des tensions, inspirez et à l'expiration, prenez conscience que toutes les tensions se libèrent Vous prenez conscience de l'énergie dans votre corps et de cette douce chaleur qui se diffuse, au rythme de chacune de vos respirations.

Et dans cet état de confort, de sérénité et de bien-être, vous laissez venir à votre conscience l'image d'un paysage d'hiver qui vous plaît (des montagnes enneigées, un magnifique coucher de soleil d'hiver, une balade paisible en forêt, une randonnée à ski, en raquettes), un paysage où vous vous sentez bien, un paysage de vacances ou un paysage imaginaire, un lieu où vous vous sentez en parfaite harmonie.

Une fois que ce paysage est bien présent à votre conscience, vous allez l'observer dans ses moindres détails des détails qui vous plaisent dans ce lieu. Prenez le temps d'apprécier ce que vous voyez et ce que vous ressentez au contact de ce paysage (les bruits, les objets, les odeurs). Observez avec bienveillance et sans jugement (peut-être la neige, les ruisseaux, l'eau, les arbres). Vous faites pleinement partie de ce paysage et vous appréciez les sensations de bien-être qu'il vous procure, vous pouvez imprimer ce paysage dans votre conscience, ce paysage qui vous apporte du bien-être et de la sérénité. Ainsi, dans les heures et les jours à venir et chaque fois que vous en éprouverez le besoin, vous pourrez vous plonger à nouveau dans ce paysage si apaisant.

Accordez-vous quelques instants de pause à l'écoute des sensations de bien-être et d'harmonie que procure ce paysage dans votre corps.

Vous cessez l'exercice pleinement conscient de vos capacités de vie harmonieuse, de confiance en vous, d'espérance en une vie pleine de sens. Et parfaitement détendu, vous allez maintenant vous préparer à revenir à un état d'éveil avec un capital d'harmonie, de confiance et de bien-être puisé au fond de vous-même. Pour cela, à votre rythme et sans vous presser, vous allez respirer profondément plusieurs fois. Inspiration, expiration. Inspiration, expiration.

Puis vous remuez doucement et progressivement vos pieds, vos jambes, vos genoux, vos cuisses. Le bas de votre corps retrouve son tonus. Vous mobilisez progressivement toutes les parties de votre corps : votre bassin, votre ventre, votre dos, vos bras, votre tête, vous vous frottez les yeux, vous pouvez vous étirer et bailler si vous le souhaitez.

MON EXPÉRIENCE

J'ai testé cet exercice au cabinet d'Alexandra Petitjean. Une fois terminé, j'ai eu ce drôle de sentiment de m'être comme autohypnotisée ! C'est comme si je m'étais réveillée d'une sieste d'une heure : j'étais dans un état semi-inconscient, très reposée et prise dans un nouvel élan d'énergie. J'ai remarqué que la détente de mon corps avait aussi permis une détente de mon esprit. J'étais dans le moment présent, sans penser à quoi que ce soit d'autre (ce qui est assez rare me concernant). J'ai pris l'habitude de le refaire plusieurs fois en hiver, car il faut plusieurs séances et des exercices à la maison pour que le message s'ancre dans le cerveau et que les résultats soient au rendez-vous.

Les bienfaits du yoga du rire

Le yoga du rire a été créé par le docteur Madan Kataria à Mumbai en Inde en 1995. Ce médecin a lancé le premier club de rire avec cinq personnes dans un parc et aujourd'hui des milliers de clubs existent dans plus de 75 pays.

Le concept est basé sur un fait scientifique : le corps ne fait pas de différence entre un rire simulé et un rire spontané et les

bienfaits du rire sont les mêmes. Le rire réduit en effet simultanément le stress physique, mental et émotionnel. Les études récentes s'accordent à dire que des exercices de yoga du rire ont la capacité de faire baisser notre niveau de cortisol, l'hormone du stress, et à faire augmenter les émotions positives. En riant, le système immunitaire se renforce rapidement, avec une augmentation de cellules antivirales et anti-infectieuses. Il est aussi prouvé que cette pratique augmente également le taux d'immunoglobuline A (IgA) qui constitue la première ligne de défense contre les infections virales de type toux et rhume. Il ne faudrait que 15 minutes de rire par jour pour profiter de tous ses bienfaits. De nombreux clubs existent près de chez vous, n'hésitez pas à vous renseigner.

Rester actif… mais pas trop

Pour conserver sa vitalité et sa résistance au froid, il est primordial de rester dans l'action. En hiver, même si l'envie n'y est plus trop, il ne faut pas stopper son activité physique. Le sport est un de vos meilleurs alliés pour vous aider à renforcer vos défenses immunitaires et votre vitalité. Il faut seulement 25 minutes de sport pour commencer à sécréter des endorphines, hormones du bien-être ! Mais il faut choisir l'activité physique en fonction du climat et éviter les pratiques sportives qui visent avant tout à se défouler et qui sont de grandes consommatrices d'énergie. Avoir une activité physique modérée permet de maintenir l'énergie en mouvement et d'entretenir la résistance au froid. Il ne faut pas trop solliciter le corps qui est déjà bien malmené par la météo difficile.

« Activité modérée » signifie aussi qu'il est recommandé d'éviter de trop transpirer afin de ne pas perdre de l'énergie et d'éviter également les efforts sous la neige ou lors de grand vent. En revanche, sortir, prendre l'air, s'oxygéner, marcher dans la nature vivifiante et se réchauffer à quelques rayons de soleil est 100 % recommandé !

QUATRE RAISONS DE FAIRE DU SPORT EN HIVER :

* il facilite le sommeil en aidant à évacuer les tensions ;
* il booste la production d'endorphines, l'hormone du bonheur, et aide donc à combattre la déprime saisonnière ;
* il augmente la température du corps, ce qui renforce la circulation sanguine et rend le système immunitaire plus actif ;
* il permet d'éliminer les excès alimentaires de l'hiver.

La bonne pratique : le yoga

Les endorphines, capables de réduire le stress et les angoisses, sont libérées par l'organisme lors de pratiques comme le yoga. Ainsi, au travers de certaines postures relaxantes ou même des étirements, vous pourrez faire fusionner le corps et l'esprit. Avant ou après une journée de travail, le yoga améliore votre respiration et votre souffle, mais également votre concentration. Un vrai bol de sérénité !

LE SAVIEZ-VOUS ?

Une marche quotidienne

Pourquoi ne pas profiter du trajet maison-travail pour mettre son corps en mouvement ? Bonne nouvelle : 40 minutes de marche quotidiennes permettent la sécrétion une dose d'endorphines bénéfiques jusqu'à 72 heures dans l'organisme.

✱ Le bon réflexe : en extérieur, respirer par le nez !

Bien respirer par le nez en hiver (et non par la bouche) permet de protéger l'organisme contre les bactéries, les irritations respiratoires et surtout contre le froid. Les petits poils, appelés vibrisses ou cils nasaux, situés dans la cavité nasale, réchauffent et humidifient l'air inspiré tout en le filtrant.

Exercices à faire chez soi en cas de mauvais temps

Si vous êtes peu motivé pour vous rendre à la salle de sport, la corde à sauter est l'accessoire pratique à utiliser pour se maintenir en forme et brûler des calories sans quitter la maison. Pour débuter, on pratique 1 minute de corde, suivie de 1 minute de repos. Puis on allonge le temps d'exercice jusqu'à 15 minutes tout en réduisant les temps de pause.

EXERCICE

VOTRE AGENDA SPORT

Date	Exercices pratiqués	Durée

S'aider de l'alimentation

Le magnésium est un allié de poids contre le stress et la fatigue en hiver. « *Le magnésium va jouer un rôle essentiel au niveau du système nerveux et de la régulation cardiaque, ainsi que dans les défenses de l'organisme, par la stimulation des globules blancs. Il va principalement lutter contre les états de fatigue et de stress en hiver* », explique la nutritionniste Marie Muller.

ALIMENTS RICHE EN MAGNÉSIUM

Céréales complètes – Germe de blé – Légumes verts – Soja – Légumes secs (haricots blancs...) – Fruits oléagineux (amandes, noisettes) – Chocolat noir – Eaux minérales (teneur en magnésium supérieure à 50 mg/l).

« *Les poissons gras (le saumon par exemple) contiennent beaucoup d'oméga-3 mais aussi des vitamines B, qui diminuent la nervosité. Les œufs sont aussi très riches en vitamines B, ainsi que les céréales complètes* », explique Sabine Rousseau.

PETITE LISTE D'ALIMENTS ANTIFATIGUE À ACCROCHER AU-DESSUS SUR SON FRIGO EN HIVER

- Kiwi
- Agrumes
- Miel
- Chocolat noir
- Fruits secs
- Thé vert
- Spiruline
- Ginseng
- Graines de courge
- Banane

Conclusion

C'est un fait l'hiver est une saison difficile à aimer. Le froid, le manque de soleil autant de paramètres météo que l'homme peine à apprécier. Nous sommes programmés pour prêter attention à ce qui pourrait être potentiellement nuisible à notre survie, ce qui génère la production de neurotransmetteurs et d'hormones associés à la survie, donc au stress permanent. C'est l'état dans lequel nous sommes naturellement en cette saison. Et ce stress nous affaiblit et nous rend encore moins résistants au froid... C'est le cercle vicieux qui s'enclenche.

Être positif en hiver et aimer cette saison, n'est donc pas un état inné ! Cela se construit de manière solide en apprenant à aborder cette période d'une manière différente. **Arrêtons de croire que l'hiver ne nous veut que du mal !** Vous aurez compris qu'il faut rééduquer son esprit en exploitant le formidable potentiel de nos forces mentales. Oui, si nous n'avons pas le pouvoir de contrôler la météo, nous avons celui de contrôler ses effets pour réduire les facteurs de stress, renforcer notre immunité, et stimuler notre propre bien-être. Mais les « pouvoirs de l'esprit » sont en réalité des pouvoirs de l'entraînement de l'esprit ! Si vous vous dites à l'instant présent, à la fin de la lecture de ce livre : *« Oui, bon, je n'aime toujours pas l'hiver... »*, c'est que vous n'avez pas fait les exercices, ou pas assez. Si vous souhaitez perdre du poids pour l'été, vous n'allez pas simplement visiter une salle de sport, vous allez tester les machines, faire des exercices et cela plusieurs fois jusqu'à constater les premiers résultats sur la balance.

Pour votre esprit, c'est la même chose : la clé réside dans **la constance.** Il convient de suivre ces conseils, de pratiquer ces exercices avec assiduité ! C'est par la répétition de routines et d'exercices que votre esprit atteindra plus souvent la plénitude et le bien-être. C'est un travail de développement personnel de tous les instants ! Enfin, le corps représente une source considérable d'informations et d'outils pour permettre à l'esprit de bien faire son travail. S'il a trop froid, s'il est épuisé, vos fonctions mentales seront perturbées. En clair, si vous entraînez votre mental mais qu'à côté vous ne vous protégez pas bien du froid, ne dormez pas correctement, etc. les résultats ne seront pas au rendez-vous. L'un ne va pas sans l'autre. Il faut donc correctement se protéger et s'aider de ce que nous avons à disposition (vêtements, alimentation...).

Ce programme dans son ensemble ne sera bénéfique que si vous le mettez en application chaque hiver, telle une routine.

C'est un livre à vivre, un livre que vous pourrez rouvrir tous les hivers.

Vive l'hiver !

Bibliographie

- Gilles Brien, *Les Baromètres humains*, Les éditions Québec-livres, 2015.
- Laurent Chneiweiss, Claude Gronfier, *En finir avec le blues hivernal*, Marabout, 2014.
- Mihaly Csikszentmihalyi, *Vivre, la psychologie du bonheur*, Pocket, 2006.
- Antonio R. Damasio, *L'Erreur de Descartes. La raison des émotions*, Odile Jacob, 2010.
- Robert A. Emmons, *La Gratitude*, Pocket, 2019.
- Robert A. Emmons, *Merci ! Quand la gratitude change nos vies*, Belfond, 2008.
- Alain Héril, *Pour surmonter la dépression saisonnière*, Bussière, 2011.
- Perla Kaliman, Miguel Aguilar, *Nourrissez votre cerveau. Neurosciences, aliments et 30 recettes savoureuses*, Odile Jacob, 2017.
- Michel Lejoyeux, *Les 4 Saisons de la bonne humeur*, JC Lattès, 2016.
- Laurence Lévy-Dutel, Elisabeth Scotto, *Bien-être en hiver*, Eyrolles, 2009.
- Brian Masters, *Pensée positive : Un manuel de développement personnel simple*, Poche, 2016.
- Frédéric Saldmann, *Votre santé sans risque*, Albin Michel, 2017.
- Martin Seligman, *La Fabrique du bonheur – Vivre les bienfaits de la psychologie positive au quotidien*, InterÉditions, 2011.
- Florence Servan-Schreiber, *Power Patate : vous avez des super pouvoirs ! Détectez-les et utilisez-les !*, Marabout, 2014.
- Jeanne Siaud-Facchin, *Comment la méditation a changé ma vie… et pourrait bien changer la vôtre !*, Odile Jacob, 2012.
- Georges Vigarello, *Le Sentiment de soi, histoire de la perception du corps*, Seuil, 2014.

Remerciements aux professionnels interrogés

Un grand merci à tous les spécialistes de la météo et de la santé qui ont pris de leur temps pour répondre à mes questions et vous délivrer leurs précieux conseils.

Gilles Brien, biométérologue
Chloé Blin-Maginot, coach en *slow life*
Cindy Chapelle, coach en *slow life*
Corinne Vermillard, sophrologue
Alexandra Petitjean, sophrologue
Marie Muller, nutritionniste diététicienne
Sabine Rousseau, nutritionniste diététicienne
Catherine Tardella, psychologue
Marie-Pier Lavoie, psychologue, docteure en médecine expérimentale à Québec
Julien Couratin, médecin généraliste

Notes

1. Étude Yougov, septembre 2019, https://d25d2506sfb94s.cloudfront.net/cumulus_uploads/document/187k2kwdy1/Results%20for%20YouGov%20%28Saison%20pour%20Huff%20Post%29%20159%2013.9.2019.pdf

2. « Can bad weather improve your memory ? », *Journal of Experimental Social Psychology*, Volume 45, Issue 1, January 2009.

3. *Scientific Reports*, Article #16332, volume VII, 2017.

4. Gockel C., Kolb P. M., Werth L., « Murder or Not? Cold Temperature Makes Criminals Appear to Be Cold-Blooded and Warm Temperature to Be Hot-Headed », PLoS ONE 9(4): e96231, 2014. https://doi.org/10.1371/journal.pone.0096231

5. Kliger D., Raviv Y., Rosett J., Bayer T., Page J., « Seasonal affective disorder and seasoned art auction prices : New evidence from old masters », *Journal of Behavioral and Experimental Economics*, 59, 74-84, 2015.

6. « Perceptual symbols of creativity », *Acta Psychol (Amst)*, 2014 May;148:136-47.

7. Magazine nature *Neuroscience*, septembre 2011.

8. María-Antonia Serrano, Javier Cañada, Juan Carlos Moreno, Gonzalo Gurrea, « Solar ultraviolet doses and vitamin D in a northern mid-latitude », *Science of the Total Environment 574* (2017) 744–750.

9. https://www.wimhofmethod.com/

10. « Adapted cold shower as a potential treatment for depression », *Med Hypotheses*, 2008; Nov 13.

11. National University of Singapore, « Mind over matter ? Core body temperature controlled by the brain », *PLoS ONE*, April 8, 2013.

12. Sargent F., « Season and the Metabolism of fat and carbon hydrates », *Meteorological Monographes*, 1954.

À propos de l'autrice

Virginie **Hilssone** est journaliste et présentatrice spécialisée en météo. Après avoir présenté les bulletins sur La Chaine Météo (Canal-sat), la RTBF (en Belgique) et CNews, elle officie désormais au sein des rédactions de France Télévisions, BFM TV et la radio Mouv chez Radio France. Passionnée par la biométéorologie (science qui étudie les interactions entre phénomènes atmosphériques et êtres vivants), elle partage ses découvertes sur son blog

www.virginiehilssone.com

Également aux Éditions Jouvence

Mon cahier poche :
Ma slow life : *je lève (enfin) le pied*
Cindy Chapelle

La *slow life* invite à ralentir et à s'extraire de la frénésie du quotidien. En ajustant votre mode de vie vers plus de lenteur, prenez le temps de vivre, d'être plus attentif aux petits bonheurs quotidiens, d'adopter un état d'esprit positif, gourmand de vie.

104 pages • 5,70 €

Dépôt légal : novembre 2020
Achevé d'imprimer par Spektar en novembre 2020
Imprimé en Bulgarie